花自飘零水自流
李清照词传

李若兮————

著

远方出版社

图书在版编目（CIP）数据

花自飘零水自流：李清照词传／李若兮著. －－呼和浩特：远方出版社，2020.9
ISBN 978－7－5555－1373－5

Ⅰ.①花… Ⅱ.①李… Ⅲ.①李清照（1084－约1151）－传记②李清照（1084－约1151）－宋词－诗歌欣赏
Ⅳ.①K825.6②I207.23

中国版本图书馆 CIP 数据核字（2020）第 069911 号

花自飘零水自流：李清照词传

HUA ZI PIAOLING SHUI ZI LIU LI QINGZHAO CIZHUAN

作　　者	李若兮
责任编辑	奥丽雅
责任校对	王洪宇
封面设计	VIOLET
版式设计	王志利
出版发行	远方出版社
社　　址	呼和浩特市乌兰察布东路 666 号　　邮编：010010
电　　话	（0471）2236473 总编室　2236460 发行部
经　　销	新华书店
印　　刷	天津中印联印务有限公司
开　　本	145mm×210mm　1/32
字　　数	194 千
印　　张	7.75
版　　次	2020 年 9 月第 1 版
印　　次	2020 年 9 月第 1 次印刷
册　　数	1—5000 册
标准书号	ISBN 978－7－5555－1373－5
定　　价	42.00 元

序　言

那一抹朗朗清照的白月光

"中国有礼仪之大，故称夏；有服章之美，谓之华。"而谓之华夏者，文明道德兴盛，服饰华丽精美。

华夏文明，是中华儿女最伟大的文化传承。其中，诗词文化更是巍巍中华千年传承中最风雅动人的一篇。从远古民歌到乐府诗集，再到唐诗、宋词、元曲，无数圣人先贤、名士豪杰将诗词的灵魂镌刻在山河大地、历史长河中，更融入血脉家风，代代传承。

从背诵《三字经》开始，我们启蒙受教，直至毕业立世，一路与诗词相伴，它见证着我们一生的跌宕起伏、喜怒哀乐。开心时，它伴随我们放歌纵酒、青春做伴；悲伤时，它伴随我们春花秋月、眉间心上；沮丧时，它伴随我们柳暗花明又一村。即使不曾刻意诵读，生为中华儿女，诗词早已渗入我们的骨髓，教化我们的智慧，洗涤我们的心灵。

有人说，诗词是心灵的乌托邦。尘世纷扰，但诗词平平仄仄的婉转悠扬，让人忘忧，使人开颜，所以那绝妙无双的诗词，才叫人欢喜不尽。诗词是桃花源，有了现实的残酷，才有了心驰神往的桃花源。在这千年传承的悠久文化中，有一位超然卓越、才情傲骨的绝妙佳人，若要说她生而有词，倒不如说她为词而生。

世人称她，词压江南，文盖塞北，是最有天分的词人，更是能在中国文学史上占有一席之地的女作家。她的传世之作，篇篇璀璨、字字珠玑，不但轰动了当时的文坛，更引得后世百家争鸣不休。

人们透过她的诗篇辞藻，寻觅她的人生轨迹。本意是窥探，却发现她的生平才是大宋词国中最为动人的篇章。她的传奇人生，正如同她偏爱的小令词，跌宕起伏，格律天成。

纵然时过千古，斯人已作红粉骸，掩埋于岁月黄土。世人无法窥她的容颜，却在她遗落人间的一篇篇词作里，渐渐描绘出其绝代风华之姿。正如古书里说道，所谓美人，以花为貌，以鸟为声，以月为神，以柳为态，以玉为骨，以冰雪为肌，以秋水为姿，以诗词为心。

巍巍中华，五千年的文海翻涌，虽惊涛拍岸、日新月异，但历史从未淹没她的铮铮词骨。因为她的词魂，她的人生，如同她的名字一般，注定成为中华文史上，那永恒不朽的、朗朗清照的白月光。

她便是宋代不朽的女文豪——李清照。

目 录

第三章 一处相思两处愁

第四章 凄风苦雨悠自得

第五章 国难当前铁蹄踏

第六章 物是人非事事休

第七章 风住尘香花已尽

第一章

咏絮之才初长成

她，只是宋代百花齐放中的一株绚烂，是铁马践踏声中微不足道的一笔浓墨，却以一腔才情书写了对山河破碎的叹惋，用一生跌宕演绎了人世间的离情愁思。旧时的轻笺历经千年依旧散发着淡淡盈香，历史的文墨卷轴中依然流传着这个让无数人感怀的名字——李清照。

婉约清浅诞溪亭

　　岁月无声，时光惊鸿，若不是流年易逝，岂有花期相负之憾。遥望往昔千百载，春去秋来，冒出了多少繁花，折煞了多少茂叶，经历了多少凄风苦雨，看尽了多少聚散沉浮。

　　幸得世间尚有一纸笔墨，在岁月的尘封中暗香疏影，使得如你我般虽错过了花期，却不曾辜负那流年落花的美意。

　　她，只是宋代百花齐放中的一株绚烂，是铁马践踏声中微不足道的一笔浓墨，却以一腔才情书写了对山河破碎的叹惋，用一生跌宕演绎了人世间的离情愁思。旧时的轻笺历经千年依旧散发着淡淡盈香，历史的文墨卷轴中依然流传着这个让无数人感怀的名字——李清照。

　　故事开始于一个平静的春日，在章丘这座千年历史名城的古老韵味中，一声啼哭唤醒了沉睡一季的青山流水，百花点缀了古朴的红墙绿瓦，娇艳的初春在李家庭院的欢欣中更显雀跃。

　　时年三十九岁的李格非喜得千金，李府上下自然喜庆欢腾。也许李格非会永远记住那天的阳光明媚，臂膀中那小小的人儿仿佛使眼前的一切都变得美好绮丽。

李清照便在章丘这片充满诗意才情的土地上成长，彼时流水潺潺、青山叠峦，那里的一花一草都融进李清照的笔端，成就了流传千年的佳句。

李清照的父亲李格非在历史上亦颇有盛名。当时的宋朝已日渐没落，贪官污吏丛生。李格非身为官员，但他以谋取私利为耻，平日工作清廉如水、兢兢业业，闲时爱好钻研诗词，著有《礼记精义》十六卷、《洛阳名园记》、《永洛城记》等。可见，这位一身正气的朝廷命官与其他官员相比显得格格不入。

因此，李清照虽为官员之女，但她却不像其他官僚子弟，她沉迷花草而不贪图财富，活泼好动而不胡闹闯祸。李府是齐鲁一带颇有名望的书香门第，李清照在良好的家庭氛围中打下了坚实的文学基础。

五十年后，李清照回顾自己的一生时，曾在一首长诗中如此写道："嫠家父祖生齐鲁，位下名高人比数。当年稷下纵谈时，犹记人挥汗如雨。"可见，李清照的家庭在当地名望颇高，加上当时齐鲁一带学风鼎盛，李家的文学底蕴不可不谓之深厚。

若李清照生于一般官吏家庭中，想必日后亦难逃随北宋消亡的命运。但很多时候，世事便是如此巧合，李清照自幼深受父亲的影响，于成长的朝夕中沉浸在琅琅书声里，传承了父亲的才华与正直，为日后成为一代女文豪积累了足够的底气。

李清照的母亲同样也出生于书香世家，由于当时李格非任职于京城，因此李清照的童年多与母亲相伴。年幼的李清照对文字有着别样的喜爱，在母亲的教导下她开始习书认字。闲暇之余，李清照喜欢听母亲讲述古书里的种种趣闻。她整日与书香做伴，乐此不疲地翱翔于书墨间。

在一个暖阳普照的午后，李清照浅睡于罗帐之中。她依偎着母亲的臂膀，在午后清风的吹拂下听母亲讲述千古流传的故事，娓娓道来的奇闻逸事在耳边化作柔言细语，柔婉而温暖。

朦胧间，李清照发现自己身处繁华闹市间，两旁楼阁高低有致，底层聚有商家小贩，行人马车熙熙攘攘，人山人海一望无际。想必此处定有万户人家，方得如此繁荣景象。

李清照信步至河边，见杨柳有序并排于江边河岸。清风徐来，那丝丝嫩绿点缀了孔桥，为这座繁荣都市增添一丝诗情，远远望去恍如一片翠绿的屏障将俗世隔开于千里之外。拨开柳幕，十里荷塘赫然在目，偶有三五文人墨客吟诗作乐，盛赞如斯美景。

李清照正欲逛遍闹市美景，却发现自己竟身处帐幕之中，一旁的母亲已沉沉睡去，原来这不过是美梦一场。李清照回味梦中美景，总觉似曾相识，寻思半晌方才忆起，眼前种种莫不是柳永笔下《望海潮》中的京都一隅？想必是自己过于想念就职京都的父亲，才有此一梦。

后来，李清照告知母亲梦中美景，母亲惊讶不已。没想到女儿小小年纪竟能赏析前人词作之美，实在罕见。随后，在母亲与长辈的教习下，李清照对文字的独特见解与才情更是展露无遗，尚未到及笄之年的她已精通琴棋书画，古籍典故更是信手拈来，母亲见此不胜欣喜。

士大夫家庭的熏陶注定了李清照的脱颖不凡，她惊艳时光的才情与词作来自幼年时父母的培育。对于李清照日后的遭遇，有人将其归咎于时代的动荡，也有人权当是命运的不公，但若非拥有过人的情思与文才，她如何在山河破碎间写下"生当作人杰，死亦为鬼雄"的豪情万丈，又如何在晚年孤寂时写下"只恐双溪舴艋舟，载不动许多愁"的无力哀怨呢?

时隔千年,我们依然可以从她的笔下感受当时的悲与喜、乐与哀,依旧会在月明星稀之夜遥望昔日芳魂。也许宋朝往事离我们相去甚远,任人望穿纸背亦只可从字里行间寻得一知半解,但却无碍后人对其绝妙华章的无比赞叹。

且勿论后世如何,这个注定不凡的女子,在北宋日渐没落的时代里,随着年岁渐长开始了她漫长的人间修行。

少女情怀总是诗

青春年华，从不乏诗酒做伴；几许幽梦，扬鞭策马共赴天涯。梦回处，帘卷珠纱，不见朝阳初升，不想来日华发。忆当时年少，看山如泼墨，看水知浅浓，快意春秋不过是一抹素笔轻描，焉有酒入愁肠的惆怅。

光阴如梭，春去秋来间总是如此写意；匆匆流年，试问谁人不念往日无忧时。纵使帘外凄风苦雨，栖身檐下便自不知苦。

年少无忧本是常言，寻常人家的孩儿亦当如此，更何况出身名门世家的李清照？白驹过隙间，本是落地孩子的她看尽了尘世大美，在锦瑟书香的熏陶下，李清照举手投足间尽显才情风貌，连熟读诗书的母亲亦感叹连连，自愧不如。

柔弱巾帼女子，提笔成文举手成诗，才思敏捷更胜须眉。年纪轻轻的李清照挥袖便是山水浓墨，弹指便是余音绕梁，更不用说那张嘴便来的诗词歌赋。她不必如寻常百姓般为生计忧愁，抬头便见花鸟相映，低头便是千古名学。久而久之，这副小小的皮囊中吸收了不少人间的至美至善，一颗善感的心与敏捷的才思助她感受生活中的每一个美好瞬间。

时光荏苒，李清照在母亲的悉心照料下，如今已是亭亭玉立，钟灵毓秀的她为本是官宦世家的李家带来一丝清浅。

彼时恰逢宋朝文学氛围最为浓烈的时期，纵观整个宋朝，沉迷诗书者有之，附庸风雅者有之，投其所好者亦有之。就李家而言，每逢夕阳西下时总有三五知己前来，与李格非共饮佳酿，吟诗作对，感尘世风花，叹人间雪月。

李清照便在这锦瑟逍遥的氛围中渐渐长大，一方面她有着文人的静谧诗意，另一方面她在潜移默化中领略了父亲与座客的逍遥洒脱。闲时她与诗书做伴，清浅典雅，一旦玩心大发，亦可尽兴欢腾，可谓静若处子，动如脱兔。

李清照已年及花季，就宋朝习俗而言，古代女子均十五上头，将簪束发以表成年。而成年后的第一年，李清照便不满足于闷坐家中，就她渴望逍遥自在的性格而言，大自然的浓墨山水、碧水青山才是她所追求的天地。

对此我们亦不难理解，在古代，女子理应不出闺门，常年于深闺观花刺绣，静待良缘。可李清照如何能忍受如此乏味的生活？在文学的世界中，她看尽了人间大美，她知道家门外便是大千世界，或草莽，或秀丽，一花一草均在自由逍遥的气息间，此间乐趣岂是家中清闲可及？

幸得李清照不如寻常女子般埋首深闺，视野狭窄，若空有一身才情而无所用亦属枉然。那一年，李清照年方十六，便写下惊世巨作：

如梦令

常记溪亭日暮，沉醉不知归路。
兴尽晚回舟，误入藕花深处。
争渡，争渡，惊起一滩鸥鹭。

一首《如梦令·常记溪亭日暮》，使当时的封建气息俨然多了一股俏丽的清流。也许，那是一个晴空万里的午后，李清照突然玩心大发，邀得三五好友一起游舟赏花。几名妙龄少女在人烟罕至的荷塘上浅斟低唱，一颦一笑间风情无限，正道是：妙龄欢聚行我素，不知时日又如何。

不知不觉间便到了日落西山之时，少女们并肩而坐，观赏落日，残阳如血，彼此间打起趣来，声声银铃欢笑不绝。那无忧的快乐将青春凝结成一幅隽永的画面：红白相间的荷花与碧绿的荷叶漂浮在金光粼粼的湖面上，清新的荷香与笑声相得益彰，别有一番美意。

知己做伴，美酒相随，即便是仙家道人亦难以抵挡如此诱惑，更何况是一群不谙世事的妙龄少女。这群娇羞可人的女子沉醉于美景之中，不知是那美酒醉人还是美景迷人。

贪杯酣醉的结果自然是忘却了来时路，天色渐晚，众人游兴已尽，于是，心生退意的少女们欲泛舟离去。然而，暮色深沉，岂能轻易寻得回航路。李清照一行人误入了藕池，只得荡起船桨随处浪荡。

暮色渐浓而难寻归路，若船上坐的是华发老人，此时必是气定神闲，不慌不忙地划桨前进，在湖光美景间穿行，从依稀的记忆中寻得来时路；若是而立之年的中年人，在此时也许心急如焚，但依然会谨慎地选择归途而漠视身旁美景。

李清照一行非但没有老年人的沉稳，更没有中年人的谨慎，面对误入藕花深处的无奈，她们仍旧乐在其中：一群争强好胜的女子胡乱划行，在藕花与荷叶中用船桨拍打着水花，使得扁舟徘徊。水中休憩的沙鸥与白鹭被欢笑声惊醒，扑扇着翅膀跃起，发着噗噗的声音从少女们的头上掠过。

少女们的惊呼声与水鸟扑扇翅膀的声音打破了迷人的宁静，急乱惊慌的水鸟与焦急无助的人儿相得益彰。不消片刻，那本是得体素雅的少女们变得狼狈不堪，看着彼此凌乱的样子互相又忍不住笑了起来。

这是多么难得的回忆啊！在这个"三更灯火五更鸡，正是男儿读书时"的宋朝，与李清照同龄的女子大多都在封建思想的禁锢中苟活着。她们被迫学着刺绣和先祖遗留下来的种种道德规范，等待她们的是一眼看到头的相夫教子的生活，恪守妇道便是每个女子与生俱来的命运。

李清照丝毫不在意这些世俗眼光，反倒更倾向于感受自然之乐，方才有了这首流传千年的《如梦令·常记溪亭日暮》。这首词将作者醉酒观花的情景高度还原，并且用清新脱俗的语言将少女俏丽的神态展现无遗。

此词一出，恍如投石入海一般激起无数涟漪，轰动了当时的文坛。众所周知，北宋本就重文轻武，持枪汉少而提笔者众。当时词人的笔触多承袭五代文学之风，除了书写凡尘爱恨便是闲适自得的生活情趣，风格略显轻浮，言之无物。

这首《如梦令·常记溪亭日暮》没有任何浮华的辞藻，在寥寥数语中得见少女真切的情态，一时间广受赞誉。就连作为李府常客的文坛名家晁补之亦不禁对李清照赞不绝口，放言："自少年便有诗名，才力华赡，逼近前辈。"

渐渐地，整个济南城内都流传李清照的这阕佳作。对此，最为欣慰的莫过于李清照的父母，人人皆知李府千金不仅知书达理、高雅脱俗，就连诗词歌赋、琴棋书画亦样样精通。李家严谨治学的家风成为一时佳话。随着济南城内文人墨客虚实不一的口口相传，不久李清照就凭借着这首佳作成了王室贵族、布衣平民的倾慕对象。

可见，早在李清照少女时期，骨子里便充满了对自由的向往，她蓬勃的活力使她的生活更加绚烂。这样的李清照在当时刻板的女子生活中是那么自由，偶尔静阅诗书，偶尔外出游玩；躺在藕花深处静看云卷云舒，醉于千古名篇寻得大千世界，如此随心的生活使李清照的词作充满活泼与写意的气息。

她的词作所展现的健康开朗、活泼灵动的女子之风甚至比诗词常见的多愁善感更显大气。良好的家风以及济南的灵秀山水为她的生活与创作带来了无限的灵感。

我想，正是如此天时地利人和的融合，才让李清照在青春少女时期便立足文坛，名噪一时。

惜别故土望京都

酥春细雨,焕发了大地生机,片片绿意中暗藏着多少伤感离别。漫漫长路,终不舍昔日点点,彼此依存却道是聚散不由人。纵是万般不愿,亦难敌命运弄人。但转念一想,若不是当初忍痛割舍,又如何寻得前路新篇章?

也许,所有的离别都是新的开始,命运的每一个安排都有它的寓意。也许你所失去的,日后会以另一种方式得到回馈;也许你所留恋的,到头来不过是食之无味的鸡肋。

此时的李清照正坐在宽敞的马车上,帘外的喧嚣声阵阵入耳,她方才感受到,原来一直居住的小城竟是如此热闹。宋绍圣五年(1098年)腊月,李格非前往汴京任职后不久,便来信告知已在汴京安顿妥当,希望母女二人即日前往汴京,早日一家团聚。

于是,便有了李清照惜别溪亭的一幕。

突然间,李清照听到帘外传来熟悉的声音,她拉开帘子,只见好友们正立于街头,目送马车离开。如此情景,让第一次面对离别的李清照深感忧伤。

她悲伤着，也惧怕着，无法想象离开溪亭后的生活，也不舍得那群相识相知的小伙伴。随着踏踏作响的马蹄声，仿佛曾经快乐嬉戏的日子渐行渐远，消失不见。

对于溪亭，李清照有着太多的不舍与惦念，且不论那些秀丽山川、潺潺流水，便是院子里的一草一木都是她童年最真挚的伙伴。有时候，多愁善感的人心思更加细腻，离别之际，不舍与眷恋较于旁人浓烈不少。

在某个初春的傍晚，微风吹送着落霞，李清照一家顺利抵达汴京，在余晖掩映下与父亲重聚。李格非住在朱雀门外不远的地方，环境清幽，虽布局与繁荣的都市格格不入，但亦算得上是一隅幽境。李府在汴京安顿的庭院并不如其他官员般奢华，甚至还不及家乡的庭院宽敞。毕竟如李格非这般两袖清风的官员，要在寸土尺金的京都买下宽阔的宅邸实在是痴人说梦。

但李清照何曾在意这些，本以山水为乐的她格外喜欢庭院中那些纤细柔美的竹子，李格非看女儿喜欢，便将竹子放置于堂屋的台阶旁，并将堂屋命名为"有竹堂"。

相比新家的温馨，灵巧活泼的李清照更喜欢家门外那繁荣昌盛的景象。对于这个花季少女而言，她从一个优雅静谧的小城突然来到繁荣的大都市，那人烟鼎盛的新世界让她顿感新鲜，街道两侧的风光与商铺使她目不暇接，甚至连那曾经被她誉为"美"的山水鱼虫也暂时被她抛诸脑后。

想来，我们每个人年少时都曾渴望探索这个充满未知的世界。在汴京，李清照对一切都感到好奇，看着熙熙攘攘的大街，人来人往的街道，那曾经在书中得以窥探的繁荣都市如今赫然在目，更觉生动。

当时汴京的繁荣我们可从古籍中窥探一二，《东京梦华录》中记载："近岸植桃李梨杏，杂花相间，春夏之间，望之如绣。"再加上汴京的河流上横着一座虹桥，大小船只从桥洞中来来回回，一眼望去尽是繁荣之景。

初到京都的李清照身处繁华之中，脑海里尽是无限的幻想与渴求。也许，她心里想象着，接下来的日子非但可以与熙熙攘攘、看之不尽的繁华做伴，闲时更是可以看飞鸟南巡，观残阳如血，原本还有些清闲的日子一下子变得充实起来。

那时的李清照并不知道，眼前的繁华盛世将在不久以后化为乌有，留下的是无尽的硝烟与哀号，而眼前的这一幕繁荣只能深深埋藏在回忆与思念之中。

李家在汴京安顿好以后，寓意着春节来临的鞭炮声日渐频繁，平日里车水马龙的都市在佳节之中更显人声鼎沸。其中，最让李清照难忘的莫过于大年初一当日的热闹场景：御街两旁筑起了无数小摊、舞台，众多杂耍戏法纷纷在此卖力表演，方圆数十里地川流不息，人山人海，其中杂剧、评书、耍猴等节目更是让李清照眼花缭乱。

在欢乐的气氛里，李清照度过了迁居京都后的第一个新年。而这一年对于百姓而言更为特殊，因在初七当日，皇帝亲临宣德楼与民同乐，一同观赏精彩的节目与表演。李清照第一次感受如此盛况，心中的震撼可想而知。

喧哗过后，李府回归了平日的静谧，李清照亦收起了玩心，开始重拾书卷。也许是她太喜欢这里的繁华与美景，因此她更希望能够将所见所闻寄诸笔端，把眼前的美好悉数记录下来。

或许，见过了汴京的繁荣，就算聪颖如李清照亦深觉世界之大，无奇不有。想来汴京人才济济，自己的小小成就不过是沧海一粟。

　　繁华过后，李清照开始专心苦学，并且在机缘巧合中，迎来了人生中的第一位导师……

梅妒菊羞，自是花中第一流

青春，是一生中最美好的时光。遥想当年亭亭玉立时，金玉为衣、冬雪为肤，颜若春风靥笑浅，胸怀壮志酒狂墨溅，正是平生自负轻狂时。哪怕清浅婉约如李清照一般的女子，她的心中始终也有着一份轻狂，一丝自负。

她是上苍赐予宋朝的一份厚礼，其笔下既有浓烈的少女情思，也蕴含着家国情仇，字里行间独具一格，提笔下书间无须强赋忧愁，便是独行山水之中的心底悲欢亦可独立成景，流芳万世。

李清照能有日后的成就，其父李格非可谓是功不可没。严谨的家风以及书香门第的传承，使李清照早在年幼时便饱读诗书，学富五车。迁居汴京后，李格非"谈笑有鸿儒，往来无白丁"的生活更是让李清照受益匪浅。

李府定居汴京不久，其门庭便印上了无数汴京文人的脚印。鉴于李格非为人正派且才华横溢，因此，每日均有不少仕子与同僚前往李府登门求教。一时间，李府成了当时不可多得的文化交流处。

作为李格非多年来荣辱与共的好友，张耒与晁补之更是李府常见的座上宾。其中，晁补之在仕途上屡次被贬，对朝政之事感到心灰意懒，于是时常前往李府，与李格非二人品诗论茶，谈心作乐。

恰逢此时李清照正潜心钻研文学，深居简出，李格非见此便请求晁补之充当李清照的导师，以指导她读书写作及为人之道。想来，对于此事李格非本无把握，毕竟晁补之的性子倔强固执，若遇他欢喜之事则万般顺从，若非他所好之事哪怕是皇上亲口下诏，他亦一意孤行，不听劝阻。

然而，当晁补之无意间看到李清照所写的词文时，便不由自主地沉醉于那清新婉约的词风之中。读罢良久，依然仿佛置身于春风麦田之下，沁人心脾。于是，晁补之一口答应此事，对她的从文之旅指点一二。

巧的是，晁补之的童年生活与李清照大有异曲同工之处，生于官宦世家的晁补之同样在书香门第中成长，从小在良好的文化熏陶下饱读诗书。他天资聪颖，能日诵千言而不忘，在机缘巧合下拜得大文豪苏轼为师，因而早负盛名的他与黄庭坚等人被誉为"苏门四学士"。

恍如当年苏轼对晁补之的器重一般，晁补之对李清照也是无比喜爱与欣赏。在短短几个月间，晁补之对李清照的疑难知无不答，并对她的教育费尽心思。

在晁补之的指导下，李清照进步神速。数月来的苦苦钻研让她的感觉更加敏锐，无论是飞鸟南巡还是花开结果，在她的笔下无一不是绝美的词句，那如花一般的绚烂诗意，展露无遗。

其间，李清照读遍史学名篇，取其精华化为己用。其中，惜花的李清照对屈原毕生之作有所微言。她认为，屈原穷尽一生得《离骚》，收编天下名花，记录诸多草木，奈何偏偏缺了一株淡黄的桂花，想来这位千古名士尚缺一点情思。

于是，一首流传千古的佳作就此诞生。这首《鹧鸪天》与世人熟知的《如梦令·常记溪亭日暮》相比，更显其文化沉淀与成熟稳重。

鹧鸪天

暗淡轻黄体性柔，情疏迹远只香留。

何须浅碧轻红色，自是花中第一流。

梅定妒，菊应羞，画栏开处冠中秋。

骚人可煞无情思，何事当年不见收。

如果说《如梦令·常记溪亭日暮》能给予人纯粹脱俗之感，那么这首《鹧鸪天》则有一种雨后清香之美。词文读罢，顿觉那暗香醉人的桂花恍如李清照的写照。"何须浅碧轻红色，自是花中第一流"，李清照虽为巾帼，但胜在落落大方、悠然自得。

值得一提的是，这句"骚人可煞无情思，何事当年不见收"便是李清照把"情思欠奉"的矛头直指屈原先生。或许是年少气盛，或许对桂花的偏爱，李清照才以这种热烈而直接的方式表达为桂花抱不平的心情。但不可否认的是，李清照对屈原的抱怨实属任性了些，因屈原的《离骚》中记载："矫菌桂以纫蕙兮，索胡绳之纚纚"，其中"菌桂"便是桂花的品种之一。

如此看来，李清照在书写此词时不免有一些得意与骄傲，但在如此亮丽清新的词作下，谁又忍心责怪这位不过十来岁的小女孩呢？更何况，这些被李清照精心组合的绝妙词作本是她精神世界的宝贵财富，旁人又如何得以评判。想来同样偏爱万物生灵的屈原自然懂得李清照的偏爱与执着，不会怪罪于李清照的无礼之举。

再者，桂花之美虽不如春日繁花，但其风轻云淡之美却另有一番韵味。在当时的十大名花中，唯独桂花不以外形入围，仅凭暗香便胜过百花。难怪历代文人墨客均为其赋诗，以诉心肠。李白沉醉于它的姿态："安知南山桂，绿叶垂芳根"；刘禹锡称赞它的独特："莫羡三春桃与李，桂花成实向秋荣"；宋之问更是为它的芬芳着迷："桂子月中落，天香云外飘"。

李清照生平惜花至极，更爱那一株暗香扑鼻的浅黄。窃以为，爱花的人都是幸福的，有春日繁花似锦，夏日百花热情，桂花清香胜秋日，哪怕冬日寒梅亦颇有一番风情……恰如时年活泼灵动的李清照一般，尚不知世间悲喜，只道是有一缕朝阳，便是绽放的好季节。

墨笔生花，芳名远传

才高八斗，倾倒凡尘素衣，嫣然一挥笔，便误将传奇轻踏。可笑俗世多少贪功求名之士，最终不过虚耗光阴，到头来竟不如小小女子，误泼浓墨旖旎了芬芳，赢得芳名万世。

却道是：大剑无锋，大巧不公。凡流芳百世之人岂有刻意为之，纵观千百年来，多少人争破头颅只为得后世敬仰，奈何最终仍被时光的洪流掩埋，而真正流芳后世者，莫不是一份钟情下无意为之的佳作。

若不是父亲的呼唤，李清照此时依然沉醉在相国寺那吴道子的真迹之中。恰是相国寺每年一度的狂欢之日，在这天，各地佛寺纷纷大开寺门喜迎百姓，就连平日公务繁忙的李格非亦放下公务，带着夫人与李清照前往相国寺游玩。

相国寺中珍藏着十大镇寺之宝，被称为"十绝"。让李清照观摩入迷的那幅画像恰是"十绝"中吴道子的《文殊维摩像》。屏气观摩时，她的脑海中浮现出宋诗始祖梅尧臣的著作《与原甫同邻几过相国寺净土院，因观杨惠之塑吴道子画，听越僧琴，闽僧写宋贾二公真》①，并在画卷前暗下决心，须下死功夫以求留下传世之作。

其实，在迁居汴京后，李清照在父母与老师晁补之的教导下，写作水平可以说是一日千里。加上她接触了更多的事物，开阔了眼界，因此她的见识与思维亦逐渐拓展，如春风化雨下冒出新芽的绿草般肆意生长。

世间所有的美好都是恰到好处。即使李清照自幼就饱受文学艺术的熏染，博览群书，但那些自然的纯真与美好更能使她诗心荡漾，提笔下书便是一道亮丽美景。渐渐地，她的才气开始为众人所知，哪怕是人才济济的汴京也无法掩盖她绚烂的光芒。

窃以为，李清照之所以年少成名且流芳万世，与其说她天赋异禀，不如说她懂得如何用心灌溉每一道绚丽的风景。她的词让无数人深觉感动，每首词无一不是她以真情所著。想来，李清照一生跌宕起伏，而起起落落间将或喜或悲的情愫寄于笔下，恍如繁花绽放，哪怕是日后枯萎在即时亦牵动着万千人的心绪，或哀愁或不甘。

尚记得早些年，李清照一首《如梦令·常记溪亭日暮》轰动济南城，无数文人墨客为之赞叹不已，同时也期待着她的新作。而在汴京苦修数月的她自然也没有让人失望，一首《如梦令·昨夜雨疏风骤》再次引起轰动，词作面世后，一时间成为文人墨客茶余饭后谈论的焦点。

如梦令

昨夜雨疏风骤，浓睡不消残酒。

---

① 《苑陵集》卷三十八

试问卷帘人，却道海棠依旧。

知否，知否？应是绿肥红瘦。

整首词仅有三十三个字，却为这件小事带来了强烈的镜头感，让人仿佛置身其中。

醉酒酣睡的闺中才女在迷糊中听得窗外风雨之声，想来这狂风骤雨必定是席卷了一夜，虽然她心中惦记着庭院里开得正绚烂的海棠花，却由于酒醉无力而又陷入了沉睡。

天明之时，鸡啼声唤醒了她。尚未睁眼，庭院中的海棠便涌上心头，奈何昨夜残酒未消，神志未清，身体更是慵懒无力，幸而一旁侍女正在卷帘，她便问侍女："院子里的海棠花是否还好？"

侍女随口答道："海棠花依旧绚烂。"

李清照眉头一挑，微愠道："你可知道，帘外海棠此时定然已经是绿叶繁盛而红花凋零了。"

对此，我们不可不钦佩李清照那颗敏感而灵动的心，那时的她无忧无虑，却能够轻易地捕捉点点滴滴的忧愁与伤感。也许她曾在梦中看到满地落英，那枯萎的痕迹在她的心头久久不散，以至于醒来后脑海中依然残留着点点惆怅与淡然。

北宋时期关于伤春悲秋的诗词实在数不胜数，甚至大多均有异曲同工之处，虽然大部分诗词在时光的洪流下被一一掩埋，但我们依然能够从流传下来的相关作品中窥探一二。从李清照的《如梦令·昨夜雨疏风骤》中可以看到一出峰回路转的情节，与同期作品相比显得更具特色。

难得的是，从这首词里我们可以看出李清照对美好生活的向往与发自内心的惜花、惋惜之情。词作通篇没有华丽的辞藻，也没有过分的修饰，寥寥数语便让人回味无穷。

纵观古今，惜花之词向来繁多，但如李清照一般以寥寥数语动之以情的诗词却是屈指可数。窃以为，得以与该篇一概而论的莫过于苏轼笔下的《海棠》："东风袅袅泛崇光，香雾空蒙月转廊。只恐夜深花睡去，故烧高烛照红妆。"想来，苏轼与李清照虽同为北宋诗词宗师，但二人词风不同，一为豪放派，一为婉约派，但二人对海棠的相惜之情却又如此相似。"只恐夜深花睡去，故烧高烛照红妆"：诗人生怕黑暗笼罩海棠，让海棠黯然失色，便干脆点起蜡烛，让烛光伴海棠通宵达旦，可谓惜花成痴之举。

《如梦令·常记溪亭日暮》在后世获得了更高的赞赏，有人评价这首词："通篇寥寥数字，集人物、故事、对白、情绪于大同，非李易安不能驾驭矣。"

爱花之人大多如此，为花开而喜，为花落而悲，闻花香而醉，观花姿而迷。纯真灵巧的李清照将花开花落描绘得如此动人，其真挚阔达的性情深受世代文人喜爱。在这个静谧的初夏季节，温婉动人的李清照不过笔下寥寥数语，便将浓厚的惜花之情烙印在后世心中，在历史的诗卷上留下了绚烂璀璨的一笔。

花间烂漫未知愁

年少多好，沉醉花间遨游，笑看云卷云舒，昏沉睡去，便是来日相逢时。奈何天不遂人愿，茫茫人生岂有百年常乐之理。但无论前路如何，那一抹青葱时光总是如此使人回味。

在漫漫人生路上，我们义无反顾地一路向前，曾撞过南墙，也曾摔倒在地，那些狼狈与无奈随着年龄的增长而不断累积着。有的人管它叫磨炼，有的人则将它称为成长。

网上曾经有过这么一句话："那些曾经的苦痛最终都会成为我们身上的铠甲，那些曾经以为过不去的坎终有一天我们会笑着说出来。"我们为成长而欣喜，但午夜梦回的时候依旧会怀念当年单纯的自己，若是一生都如春花般烂漫该有多好。

然而，春花烂漫有时，夏日奔放有时，当春夏随着时光离去，秋天的萧条与冬天的凛冽终究也会来到。尤其是数百年前的唐宋年间，多少文人墨客在秋浓时焕发了才思，他们感伤落叶枯枝，悲叹秋风细雨，就连笔下的秋景也笼罩着淡淡的忧愁。

我想，当李清照读罢前朝诗人的叹秋作品时，亦难免感到无限伤感。也许，当她读到刘长卿的"古台摇落后，秋日望乡心"时，会想到溪亭日暮那段动人的回忆；当她读到李白的"秋风吹不尽，总是玉关情"时，亦难免对作者的思乡之情生出共鸣。

李清照虽能感受诗词中的悲痛，但她正值青春年少，朝气蓬勃，既没有经历过"才下眉头，却上心头"的相思之苦，也没有品尝过"生当作人杰，死亦为鬼雄"的忧国之情。因此在前人眼中无比萧条落寞的深秋对于李清照而言不过如此，反而海天一色的美景颇有几分风情。

于是，一首咏秋的佳作从李清照笔下诞生，这一阕《双调忆王孙·赏荷》非但没有感叹秋日寂寥，反而有一番"秋日胜春朝"的柔情美意。

双调忆王孙·赏荷

湖上风来波浩渺，秋已暮、红稀香少。水光山色与人亲，说不尽、无穷好。

莲子已成荷叶老。清露洗、□花汀草。眠沙鸥鹭不回头，似也恨、人归早。

初读此词，心中难免一股淡淡的愁思掠过，但细细品味，却又添一番欣喜。在她的笔下，萧条的秋景竟变得如此生动，让伤感的秋多了一丝盎然。

四季变换本是自然常态，春去秋来仿佛滚动的车轮一般，将岁月带来人间，为万物生灵带来变化与更替。

几场秋雨掠过，炎热的夏天已悄无声息地离去。从荷塘边走过时，不知李清照是否想起了那一年她与三五知己泛舟荷塘的场景。此时，池塘里的荷叶褪去了清新碧绿，呈现一丝颓败枯萎的势头。

荷塘中曾经蓬勃生长的莲蓬此时也泛黄了，小圆锥体似的莲蓬从荷叶间探出头来，由于枝干早已枯萎，无力托起莲蓬，因此那歪斜的莲蓬如同调皮的小童一般歪斜着脑袋。

秋风掠过，平如明镜的池水泛起了层层涟漪，荡漾开去的池水将漂浮在水面的荷叶推得四散。已是九月，秋天的气息越发浓烈，那浅红多姿的荷花此时已悉数凋零，剩下的三三两两亦褪去了颜色，更不用说那沁人心脾的花香。

然而，在李清照的眼中，四季更换仿佛无碍于池塘上的美色，哪怕荷花凋零，但水光山色间却另有一番风味。沙滩上的水鸟头也不抬，仿佛在怨恨人们尚未入冬便无情离去。

这首词的流传度较低，却深得有心人的青睐，如清朝彭孙遹在著作《金粟词话》中评论："用浅俗之语，发清新之思。"想来，如此秋日美作只有李清照才得以临摹刻画。

熟悉李清照的读者应当知道，她前期的作品多以青春烂漫、少女怀春等风格为主，当时她的生活尚未经受命运的捉弄，依旧无忧无虑，笔下所言多是山野之乐。那也许是李清照一生中最美好的时光。

随着年岁渐长，我们不满足于独自看到的美景与寻得的乐趣，开始需要得到他人的理解，也希望能够与知己一同分享这大千世界的点点滴滴。

试问一句，古往今来哪个少女不向往真挚的爱情？尤其是看过古今千年无数让人神往的爱情故事后，李清照对于茫茫人海中尚未到来的那个"他"充满着幻想。

日子一天天地重复，不知从何时开始，李清照心中仿佛对此有了一丝厌倦。此时的她比任何人都渴望生活的波澜，也渴望那甜蜜的相守。毕竟，生活再美好，能多一个人分享也是极好的。

其实，凭借李清照那婉约的才思以及广为流传的盛名，每天前往李府提亲的官员同僚、王孙公子可谓踏破门槛。然而李格非对女婿的人品与性格要求极高，因此对那些贪图名利的富家子弟及官宦之家纷纷避而不见，李清照自然也是见不到。

李清照每日只有丫鬟陪伴，偶尔看到庭院繁花三五簇拥时亦不禁心生期盼，幻想着某一天能与命中注定的良人有一个美丽的邂逅，即使不能如唐玄宗与杨贵妃的爱情一般唯美，那么如李商隐与宋华阳一般朦胧亦可。

然而，李清照不知道的是，她盼望良久的缘分，正静悄悄地来临了……

第二章

绣幕芙蓉一笑开

待少女初成，盼四季温润如春，真可谓春心萌动；趁年华正好，择一人共赴春秋，莫不是人间最美？少女怀春总是柔情万种，或是情窦初开时巧遇那眉眼温润的少年郎，或是孤身山水间梦回繁花处，思情至深却又懵懵至极。

秋千下，情窦开

问世间爱为何物，是不期而遇时的一见如故，还是细水长流中的倾己所有；是华灯初下时的执子之手，还是蓦然回首时的相顾无言……若心之所向，颦眉浅笑皆是动人相守。

待少女初成，盼四季温润如春，真可谓春心萌动；趁年华正好，择一人共赴春秋，莫不是人间最美？少女怀春总是柔情万种，或是情窦初开时巧遇那眉眼温润的少年郎，或是孤身山水间梦回繁花处，思情至深却又懵懂至极。

品尝过爱情的人，无不为之倾心。或许，少女情思换来的不过是落寞愁思，但扑火的飞蛾焉有后悔之意。任谁也明白，所谓的爱情不过是一场赌博，赢了便是幸福，而输了也算拥有过一刹那的心动。

含苞待放的李清照亦难免怀春，她不懂得爱情却渴望爱情，虽然她有山水做伴，也享受诗词美酒，但归根到底这些不过是清冷之物，何及有情郎一般温润细腻。

不经意间，正值花季的李清照也到了适婚的年龄，她盛名在外，因而每日前来登门拜访的媒人不在少数。可一来李格非并非等闲之辈，在京都更是受人尊敬的人物，因此就门当户对这一条俗例便将许多无名之辈排除了；二来李格非正直清高，若是朝野中心怀鬼胎之辈，李格非自然不愿与之详谈。如此一来，李清照的婚事便一拖再拖。

少女怀春总多思，情窦初开的李清照一直没能遇到那个使她心如鹿撞的男子，她将那份蠢蠢欲动的懵懂藏在心中，那期盼的情思在时光中酝成了一曲陈酿，不知何人有幸尝得那醉人的芬芳。

在某个春日绚烂的时节里，终于有一人误入了李清照的心扉，也许那不过是匆忙而去的路人，或是隔岸相顾的陌生人，但恰是这一眼，让李清照那埋藏在心的醇香就此飘散，变成醉人的词篇。

点绛唇

蹴罢秋千，起来慵整纤纤手。露浓花瘦，薄汗沾衣透。

见客入来，袜刬金钗溜，和羞走。倚门回首，却把青梅嗅。

那是和煦三月的一个早上，清风与暖阳悄然降临在李府的庭院中，在树底下晃荡的身影，使空气中多了一抹生气。繁茂的花藤密密麻麻地缠绕在秋千上，摇曳的花瓣吓得那胆小的蝴蝶不敢靠近，只得扇动着翅膀，飞舞萦绕。

我想，若不是那荡漾的秋千，恐怕满园生机要失色不少。要知道，唐宋期间多有文人以秋千为题，于精雕细琢中刻画一幅幅俏皮烂漫的美景。那恍如朝阳一般蓬勃的生机，融入了画面，也勾起了少男少女们的爱悦之情。

也许在那秋千索上，一头系着女子无忧的快乐与欢笑，另一头则牵挂着女子与生俱来的浪漫与情思。恰如苏轼在《蝶恋花》中写道："墙里秋千墙外道，墙外行人，墙里佳人笑。笑渐不闻声渐悄，多情却被无情恼。"少女情思总与秋千做伴，晃荡的春心最是让人遐想万千。

不多时，庭院中传来一阵银铃般的笑声，想来定是李清照与丫鬟们正玩得尽兴。暖阳之下，丫鬟们推着秋千，李清照便随着秋千上下摇曳，开怀的笑声荡漾在庭院中，那单纯而不失美好的欢乐渲染着一个无忧无虑的春日。

良久，丝绸衣摆停止飘动，李清照从秋千上跳下来，看着背后依然微微摇曳的秋千，她仿佛在方才的快乐中得到了满足。也许是从秋千上下去的时候自己过于紧张，此时双手竟略感麻木，只得稍作"慵整"。更狼狈的是，经一番玩闹后香汗淋漓，汗水湿透了轻衣，额头上的汗珠恍如花间露水一般晶莹。

李清照累得瘫坐一旁，自家院中，她不必时刻顾及仪态。恰是在李清照最为狼狈的时候，庭院中突然传来了声响。只见一身青衫误入繁华深处，李清照大感诧异，来不及整理衣衫便急忙回避。匆忙间，来不及穿鞋，快步回避，突然"咣当"一声，头上的金钗从发丝间溜走，跌落在地。

侍女们忙上前捡起，李清照早已含羞远去。若是寻常女子，恐怕此时早已步入深闺，心若鹿撞，但李清照何许人也，这位天真烂漫的女子怎么会放过生活中的一丝小小波澜？

是看还是不看？李清照此时徘徊不前，即使如她这般随性自在的女子，也羞于窥探陌生男子。然而，她难掩心中好奇，欲倚门回首一窥，恰好此时来客亦被眼前的莫名女子所吸引，于是四目相视，二人顿觉惶恐。为了掩饰心头的尴尬，李清照只得随手顺来青梅，故作轻嗅，那花香扑鼻而来，抚平了心头的不安与娇羞。

那一年，李清照芳龄十七，沉寂多年的芳心得以萌动，莫名的情愫在心间蔓延。少女的心事好比晨光下的露珠一般闪烁不定，也许只有那花间翩舞的小蝴蝶才得知此刻李清照的心境。

要知道，在那个年代，女子是没有任何能力与命运抗衡的。她们的婚姻全凭父母做主，没有人能够掌控自己的婚姻，即使是李清照亦难以幸免。

李清照是幸运的，她有着寻常女子难以触及的美好经历：游历山水、饱读诗书。这些幼年时的一点一滴，在一般女子眼中都是无比的奢望。由于李清照的父母心态开明，不干预女儿的喜好乐趣，亦不以"女子无才便是德"的道德观念调教李清照，才有李清照泛舟游湖、饮酒作乐等千古美谈。

幼年的李清照虽然获得了充足的自由，但婚姻大事不能一概而论。情窦初开的李清照心中自知，未来能否与意中人相识相知，依然充满着未知。毕竟，不是所有的婚姻都能有美好的结局，而这种从未谋面便定终生的包办婚姻更是让历史上徒增了无数痴男怨女。

这是时代的无奈，李清照深知自己只能等待，也许这赌上终身幸福的赌博会改变她的一生。无论日后如何，她只能默默接受，无法反抗。

然而，上天仿佛对李清照无比眷顾，非但给予她过人的才华，就连那父母之言所得来的丈夫亦难得的与她一见如故，两情相悦。

无论如何，李清照在最好的年纪里等待着最值得守候的人。或许李清照日后回首往事时，依旧会想起那一年，她在秋千架旁，手执青梅故作镇定的一幕。

毕竟，那是爱情将至未至时最动人的一刻。

一面风情深有韵

　　一直以为，爱情最美的样子理应如此：百转千回，只为相逢一笑，与君相挽高歌。在彼此最好的时刻相遇，一眼定情而盟誓三生，如此缘分莫不是天注定的话，又如何得以如此美好。

　　缥缈红尘中，聚散皆因缘。在茫茫人海中，你我寻寻觅觅，终难寻知音伴侣。蓦然回首，却见那人守候在灯火阑珊处，直到四目相视时，方才如梦惊醒："原来你也在这里。"

　　对于李清照而言，从她与赵明诚相遇的那一刻起，便清楚自己一直以来的期盼与等待是值得的，曾经的忐忑与不安在相顾之时便悉数尘埃落定。也许真正的爱情便是这样，对方的一抹微笑足以让人心安，一声呼唤胜却世间美好。

　　佛说：世间所有的相遇都是前生千百次的回眸。看着赵明诚温润的脸庞，李清照忆起往事，其实在初到汴京之时，自己便与眼前人有过一面之缘。

　　那是初到汴京的一个春天，一切都是如此新奇有趣，尤其是太学后门的那条古董街。各类文物与旧书籍摆放街道两旁，每每得见文人墨客走近，商家总是吆喝几句，熙熙攘攘异常热闹。

　　某天，李清照随父亲出门，坐在轿子中的她听得帘外一阵喧闹，便拨开帘子欲看个究竟。然而，进入眼帘的却是抱着书籍的赵明诚。也许是看得李清照如此美貌，赵明诚一时目光呆滞，手中古籍散落一地却浑然不知，惹得李清照不禁垂眉浅笑。

李清照并不知道，眼前的好书之人便是自己未来的夫君，但她却记住了当时赵明诚手足无措的样子，乃至日后重遇赵明诚时，李清照看着这副熟悉的面容顿时心生欣喜。

也许，这便是男女间奇妙的爱情吧。本是毫无瓜葛的二人，不期而遇后便将彼此藏归心间。初陷情爱的李清照因为有了赵明诚而变得更加娇媚多姿，自此誓与此君同赴天涯。

有时候，缘分便是如此，说来便来容不得旁人拒绝。也许，这就是爱情的动人之处，恍如那初春的盎然气息一般，总是在寒冬肆虐时悄然而至，让彻骨的寒风戛然而止。

浣溪沙

绣幕芙蓉一笑开，斜偎宝鸭亲香腮，眼波才动被人猜。

一面风情深有韵，半笺娇恨寄幽怀，月移花影约重来。

从李清照笔下，我们可以看出这段时期的她俨然已经陷入爱情的甜蜜之中。正所谓女为悦己者容，那斜坠的宝钗与云鬓定是刻意修饰，加上灵动的眼波与迷人的笑容，此时的李清照如沉浸在蜜罐中一般，甜蜜且满足。

爱情的洗礼使人更添韵味，汹涌而来的情思却无处安放，只得寄情于笔端，以文字安抚那颗相思的心。抬头望去，彼时已经月上梢头，花影在皎洁的月光下换了位置，如此良辰美景，岂不是情人相约的好时光吗？

李清照与赵明诚的相遇便是如此奇妙，二人虽一见钟情，但彼此深知男女婚姻讲求"父母之命"，自然也自此相忘。巧的是，赵明诚的父亲赵挺之竟在某个明媚的午后亲自前往李府提亲。如此良缘实在可遇而不可求。

爱虽毫无道理，却有所因果，能使二人结成良缘的也许就是一直在文学艺术上不断渴求进步的李清照。关于二人相遇的故事，后世流传最广的版本来自赵明诚年少时发生的一件小事。

相传在赵明诚年少的时候，其父便开始关心他的人生大事，然而赵明诚一心沉醉于学术，无暇顾及儿女情长，因此他的婚事一直未定。

在某个风和日丽的午后，赵明诚读罢诗书便回屋休憩，他梦见自己手捧竹卷，诵读着千古名篇，醒后却忘了书中内容，只迷迷糊糊地记得："言与司合，安上已脱，芝芙草拔。"对此，赵明诚虽然熟读诗书，却难解其中谜团。别无他法的赵明诚唯有请教父亲，望能解得梦中箴言。

父亲赵挺之得知其梦中所言后，寻思片刻便眉开眼笑，道："恐吾儿终身大事得以安心矣。"片刻，赵挺之对赵明诚解释道："'言与司合'便是'词'，'安上已脱'便是'女'，'芝芙草拔'则无疑是'之夫'二字。如此说来，梦中所言岂不是词女之夫吗？"

赵明诚听罢甚觉有理，原来梦中所言是暗示自己日后将娶词女为妻。这个梦境为日后赵明诚与李清照的相识相爱做了完美的铺垫。

有的爱情，也许从开始的时候便寓意着圆满，但世事岂是尽如人意？李清照与赵明诚的婚姻，看似天作之合，但李格非与赵挺之在朝野之上因政见不合而经常发生冲突。日后的李清照也感受到两家之间的隔阂，但刚邂逅爱情的她无暇顾及这些。

据野史记载，李清照与赵明诚的婚姻实则是赵挺之拉拢李府的重要手段：自王安石变法推行以来，北宋发生了翻天覆地的变化，支持者与反对者分成了两派，其中李格非与赵挺之是两派各自的代表者之一。更巧的是，在李清照与赵明诚相识那年，宋徽宗继位不久，其推行的新政策便是让保守派与变革派和睦相处。因此，赵挺之为了巩固自己的利益，便把目光放在政敌李格非身上，这才有了他前往李府提亲一事。

想来，当时的太学生就好比朝廷官员候选人，而赵明诚得以在宋朝的最高学府学习，可见其才华确实过人。古往今来，佳人才子乃天作之合，赵明诚与李清照两人只用了短短的时间便从相识到相爱。难得的是，两人除了在文学上颇有造诣之外，对于金石的研究更是达到痴迷的状态。如此看来，二人的结合真可谓佳偶天成。

无论日后这段良缘经历了多少磨难与考验，此时的赵明诚与李清照正情到浓时、彼此相爱。

豆蔻华年，与君赴天涯海角；今昔弱冠，许一生执子之手。对于这对男女而言，缘深之时便是春日好时光。

只羡鸳鸯不羡仙

古往今来多少人漂泊红尘，寻寻觅觅，终不过是为了与心上人结成良缘，共度余生。

奈何情深难敌缘浅，多少千古佳人为盼如意郎君而不惜容颜尽失，又有多少得意才子耗尽心思却博不得红颜一笑。自古良缘如皎月，旁人可观而触手不及，若不是天神眷恋，如你我一般凡夫俗子又如何求得现世良缘。

一旦良缘于世，世人皆欣喜若狂，贺喜连连，更备有一纸婚书，欲记下缘聚之喜。因而凡间红尘每每情到浓时，便喜结连理。

此时在李清照面前的是一顶鲜红喜庆的花轿，那随风飘扬的轿帘仿佛在为她的终身大事道喜。突然，下起了蒙蒙细雨，晶莹的雨滴湿润了青砖红瓦，也湿润了青石小径。李清照垂首，在一片喧嚣中，她仿佛可以感受大婚之日的喜庆，同时也能触及背后来自父母的不舍，看着地上坑坑洼洼的青石，多少年少时的回忆涌上心头。

也许，出了家门，曾经在此的无数点滴都会成为往事，那一幕幕欢喜与无忧将在时光里渐渐泛黄。然而，虽然不舍，但李清照依然对未来的生活充满期待。她知道，在花轿的那头，等待她的是一个翩翩才子，一段琴瑟和鸣的人生。

宋建中靖国元年（1101 年），李清照结束了十八年的闺中生活，戴上了凤冠，披上了红袍。当她手握那细盈却沉重的红线时，那点点情愫仿佛在搅动着她心中的一汪静水，既是不安又是期待。

多少次心怀期盼，终于等来大喜之日；多少次午夜梦回，今日得以梦境成真。在锣鼓喧嚣的清晨，李清照坐着花轿踏上了新的人生阶段，唢呐声唤醒了汴京的喧嚣，也唤来了无数真挚的祝福。

花轿上，随性活泼的李清照自然不愿被珠帘遮住目光，她撩起珠帘，看着窗外驻足的人群，喧闹声让她稍稍心安。突然，那被雨水冲刷过的天空中飞来一群候鸟，它们越过屋檐，越过花轿，朝着南方飞去，那婉转的鸟鸣仿佛是为李清照的新婚之行送别。

不消多久，花轿终于完成了它的使命，把李清照送到了赵府。若说在路上时心中依然残存着一些不舍与不安，那么在即将得见赵明诚时，心中的欢喜已掩盖了初为人妻的懵懂与忐忑。

礼堂上，那恍如冬日暖阳般的喜词，融化了她的内心，唤开了她的心窗。

在李清照看来，眼前的一切如梦幻般隽永，恰好应了她此前所作词句："绣幕芙蓉一笑开，斜偎宝鸭亲香腮。"她为了心爱的郎君戴上了金钗，从此沉醉在浓情蜜意中，与心爱之人共度每一个朝阳与黄昏。

有时候不得不承认，这段被后世传为佳话的良缘实在是让人无比艳羡。恰是在我需要的时候，你风尘仆仆地赶到我的面前，不早不晚，没有一丝措手不及，也没有一点姗姗来迟；恰是在我最好的时光里，遇到了心中最美的风景，这便是命中注定的良缘。

这对如花美眷理所当然地结成连理。从闺中少女到初为人妻，李清照一直沉浸在赵明诚为她筑造的温室中，两人婚后相敬如宾，成了当时汴京城里的一段佳话。

相传，李清照在婚后次日便写下这首《采桑子》，词中记录了李清照与赵明诚新婚宴尔的浪漫时光。

采桑子

晚来一阵风兼雨，洗尽炎光。
理罢笙簧，却对菱花淡淡妆。
绛绡缕薄冰肌莹，雪腻酥香，
笑语檀郎，今夜纱厨枕簟凉。

磅礴的风雨将夏日的酷暑一扫而光，新婚宴尔，风情万种的李清照自然懂得郎情几许。于是，李清照焚香摆琴，欲为情郎弹奏一曲。

一曲奏罢，李清照寻来镜子，化得淡淡妆容，身着轻衣伴君旁，耳语数句便劝君早早休息。如此良夜，二人静静相守。不难看出，在超尘拔俗的李清照面前，赵明诚定是早已深陷其温柔乡中不能自拔。这首《采桑子》是李清照在特定的时期与心情下随性挥毫的作品，与《减字木兰花》等同类作品一般，那枯燥的文字在李清照的排列下变得韵味十足，娇态动人。

有人说，婚姻是爱情的坟墓，经过了浓情蜜意的热恋，生活总会归于平淡。难怪钱钟书先生说："婚姻是一座围城，城外的人想进去，城里的人想出来。"虽然失去了最初的神秘与激情，但多了一份理解与宽容。

赵明诚与李清照的婚后生活依旧过得有滋有味，二人志趣相投，在赵明诚的影响下，天资聪颖的李清照对金石学产生了浓厚的兴趣。她开始着手帮助夫君搜求、鉴别字画与书帖，二人常因求得上好的书画而惊喜万分。

在共同的生活爱好以及学术研读下，夫妻二人的感情越来越深。旁人看来，二人总是秤不离砣、夫唱妇随，无论当时或后世均让人羡慕无比。不仅如此，二人婚后更流传有赌书泼茶等趣闻，给平凡的生活添一丝色彩。在《金石录·后序》中，李清照曾记载当时的婚姻生活：

"余性偶强记，每饭罢，坐归来堂烹茶，指堆积书史，言某事在某书、某卷、第几页、第几行，以中否角胜负，为饮茶先后。中即举杯大笑，至茶倾覆怀中，反不得饮而起。"

夫妻二人乐于藏书，因而每日饭后烹茶时便以比赛的方式决定饮茶先后。规则为一人道出某书典故，另一人则回答该典故出自何书何卷何页，答中者则有资格先饮杯中茶水。然而，答中者往往由于过于兴奋，不免将茶水洒了一身，反倒引来对方大笑。后来，世人将"赌书泼茶"用以形容夫妻之间相敬如宾、琴瑟和鸣的美好状态。清朝词人纳兰性德也因此写下："赌书消得泼茶香，当时只道是寻常。"

当一颗天真烂漫的心与爱情碰撞时，那原本枯燥而平凡的生活便变得充满意趣。世间一切仿佛都是偶然的，可这份偶然却给予赵明诚一份厚重的礼物，同时也丰富了李清照人生的色彩。

他们一定会铭记这段轻柔而悠闲的时光，因为那一年，她正年少，他正青葱……

帘卷西风，人比黄花瘦

时常在想，人生不过短短百年，若彼此相爱定不愿分离半晌。毕竟，前半段已经缺席了彼此的人生，后半段理应更加珍惜分秒。

在阴雨连绵时为彼此撑一把油伞，在烈日炎炎下为对方擦一擦汗，日落西山时做一道小菜，就着夕阳谈论白天的趣事。若是每日如此，平凡的光阴倒是有了价值。

可世事又如何能如此完美，王侯将相或平民布衣都难免承受相思之苦。试问天下有情人，何人不愿与爱人共沐朝阳与黄昏，奈何聚散不由人，欲得共聚之欢必定要品得离别之苦，若不然何有"小别胜新婚"一说。

那时候我们才发现，原来离别也是美好的，不经历相思之苦，如何知晓相聚的欢欣。多愁善感的李清照自然也懂得这种相思之苦，在新婚后不久，已为人夫的赵明诚便以太学生的身份回到太学府继续学习，每个月只有初一与十五得以回家。为了支持赵明诚，李清照也不得不放弃新婚的甜蜜，以赵明诚的学业为重。

新婚的离别，让李清照的日常显得有些枯燥，久而久之她变得慵懒了起来。没有爱人相伴，日子开始变得漫长，那繁茂的花枝与跃动的鱼鸟仿佛也变得索然无味。此时的李清照总是贪睡至日上三竿时，闲来无事的她听着窗外鸟鸣，欲对着铜镜梳妆打扮，却又想到爱人不在，便就此作罢。

李清照仿佛被闲置一般，却丝毫没有悠闲之意，毕竟那萌动的心早已随夫君远去。她只能把汹涌的思念之情寄诸笔端，写下一首首惊世佳作。

醉花阴

薄雾浓云愁永昼，瑞脑销金兽。佳节又重阳，玉枕纱厨，半夜凉初透。

东篱把酒黄昏后，有暗香盈袖。莫道不销魂，帘卷西风，人比黄花瘦。

这是李清照在重阳佳节独自望月时挥毫而来的词句，本该是亲人团聚的节日，身边却"遍插茱萸少一人"，难免心生"每逢佳节倍思亲"的愁绪。新婚不久的李清照对夫君的思念更是浓烈。重阳的夜如此寒凉，风呼呼地从纱窗吹来，夜不能寐的她便写下如此绝妙佳句，以寄托相思之情。

诗人艾米莉·狄金森曾说："我本可以容忍黑暗如果我不曾见过太阳。"沉醉于新婚甜蜜中的李清照亦然，若不曾尝过爱情的甜蜜，她本可以与花鸟做伴，消遣多余的光阴，而一旦心有所想，身旁的一切就失去了色彩。

闲暇之时，李清照只能在落日时分自斟自饮，让时光在花丛的暗香中显得温润。然而，昔日的回忆岂会如此轻易泛黄？听着静夜中的阵阵蛙声鸟鸣，它们仿佛在为李清照讲述着昔日花间少年的故事。

思念总是如此悲苦，李清照的心恍如银光荡漾的湖水一般冷澈，无处不在的思念使她在悲苦中日渐消瘦，正道是"衣带渐宽终不悔，为伊消得人憔悴"。

浓情深刻的相思总有淡薄的一日，而赵明诚的归来则让李清照思念的心得以平复。说来奇怪，赵明诚回家后得知李清照为抒思念之情写得《醉花阴》一词，便数日间闭门苦思，欲写得一词媲美娇妻。

经过三日三夜的废寝忘食，赵明诚精心创作五十首词作，并将《醉花阴》掺杂其中，请文人陆德夫加以鉴赏。然而，陆德夫再三品读后，却告知赵明诚："词作虽多，只有三句为绝佳。"赵明诚听罢加以追问，只听陆德夫答道："莫道不销魂，帘卷西风，人比黄花瘦。"

听得陆德夫指出之词为李清照所作，赵明诚深感自愧不如，便更加努力研读。也许，对于李清照而言，如果学有所成就注定要分隔两地，那么她宁愿以一生才情换得赵明诚的一生相伴。

我们自然无法知晓当时李清照盼望夫君的心情，但我却愿意他们的情感能多一些跌宕。想来是我过于自私，但若是他们的爱情少了这份相思离别之苦，仅剩下单纯的温馨与浪漫，后世岂能读得如此佳作？

若不是离别，怎么会有相思；若不是相思，又怎么得知彼此的珍贵。度过了短暂的蜜月期后，李清照与赵明诚便开始了分隔两地的日子。虽然彼此同在汴京，但思念却让二人仿佛相隔千里，彼此的思念化作了尘埃，随风飞絮。

这或许是李清照的不幸，但却是文坛的大幸。

少聚多别离，更胜新婚日

很喜欢胡适的一句话："爱情的代价是痛苦，爱情的方法是忍受痛苦。"这句话，安抚了多少相思情侣的心，后来他更是以此入词，写下了当时盛赞无数的诗句：也想不相思，可免相思苦。几次细思量，情愿相思苦。

自古多情伤离别，更何况是新婚夫妻。本该相拥而眠却分隔两地，漫漫厮守之路尚未开始便已成了念想。多少人明知相思悲苦，却依然飞蛾扑火，正是因为相思清苦，爱情才如此迷人。

相思虽苦，但它让平淡的生活多了一丝牵挂。是离愁苦还是麻木悲？是望穿秋水让人无奈，还是相顾无言让人伤悲？如果最后能与你一同感受重遇的欢乐，那离别也不过是彼此相爱的小小插曲。

李清照双十未满，又正值新婚宴尔，便要忍受与夫君分离之苦。看着情郎远去的背影，她日思夜想望穿秋水，奈何等到荷叶枯萎、百花凋残时却依旧孤身一人，唯有一月两次的探亲得以与赵明诚相见。

在当时的社会背景下，男儿保家卫国或是走上仕途是时代赋予的责任，多少读书人一生寒窗苦读，就是为了建功立业。古来便有无数诗词对男儿这种赤心报国的精神加以赞赏，比如李贺笔下的"男儿何不带吴钩，收取关山五十州"就是在他无法实现抱负时所挥毫的名句。

男儿一心考取功名，女子自是独守闺中，多少青葱女子是在无尽的等待中朱颜渐老，在一次次的失望下变得哀怨。恰如唐朝诗人王昌龄笔下所写："闺中少妇不知愁，春日凝妆上翠楼。忽见陌头杨柳色，悔教夫婿觅封侯。"

幸得赵明诚此行不过是为了完成太学府的学业，每月两次的假期让二人一直保持着甜蜜。经历了新婚离别的他们更加珍惜相聚的日子。每每赵明诚探亲归来时，李清照总是花尽心思梳妆打扮，以迎接归来的情郎。

然而，古灵精怪的李清照岂会满足于这一成不变的迎接方式？话说某年上元佳节，赵明诚恰好回家探亲，念妻心切的他回到家后便立马往书房奔去，却发现娇妻不知去向。然而他被书房中新搜集来的古器物所吸引，于是端坐书房之中细细观察。

突然，侍女匆忙而来，告知门外有一青年公子求见，还未待赵明诚反应过来，这位清雅公子便翩翩而来。只见他一身蓝色锦袍，头戴绣花儒巾，举手投足均显儒雅气派，而且十分面善。

赵明诚看来宾一身风雅，忙不迭地站起身来行礼，并询问来者尊姓大名。看赵明诚一脸不解，来客嫣然一笑，随后还了一揖，说："小生与兄素有同窗之谊。半月不见，吾兄为何如此健忘？"赵明诚一听更为不解，但随后他定睛察看来人，终于回过神来，原来是自己新婚不久的发妻，不禁失笑。李清照看他一脸惊讶的神情，也捂嘴浅笑。

吃过午饭，两人看春光正好，便相约同游大相国寺。位于京城中央的相国寺附近不仅人声鼎沸，更有无数街头艺人与美食聚集。

平日由于孤身一人，李清照很少前往相国寺，今日有夫君相伴，实属难得。在爱人面前，她恢复了往日少女般活泼的神态，看看艺人表演，看看两旁小摊，玩得不亦乐乎。

经过饰品摊时，赵明诚停下脚步，看摊上一小梳妆镜精美别致，便随手买下赠予李清照。虽然只是小小的梳妆镜，可李清照却无比欣喜与感动。俗话说，礼轻情意重。何况是爱人所赠，其分量自然非同一般。

自从有了那次恶作剧以后，李清照好几次女扮男装与赵明诚同游相国寺。一来赵明诚不必带着貌美如花的妻子四处闲逛；二来李清照也觉得男装出行，不必顾及女子仪态，游玩起来更加自在尽兴。

这首《减字木兰花》便是记录二人同游相国寺一事，通篇词文以赏花、戴花、比花贯穿前后，将李清照纯真且爱美的天性展现无遗。

减字木兰花

卖花担上，买得一枝春欲放。泪染轻匀，犹带彤霞晓露痕。
怕郎猜道，奴面不如花面好。云鬓斜簪，徒要教郎比并看。

相国寺旁，初春的气息已经渐渐浓烈，赵明诚与李清照并肩走着，街道两旁的杂耍艺人各施其技，引得众人驻足。其中，一旁卖梅花的小贩更是卖力吆喝，仿佛要吸引人群来观赏那簇拥的粉红。

李清照骨子里天真烂漫，看得梅花绽放，身旁又有情郎相挽，心中无比欢喜，不禁上前驻足。

看着枝上梅花三三两两，含苞待放，更有早已绽放的花蕾，在露珠的点缀下，显得晶莹剔透、楚楚动人。看一旁赵明诚望着繁花入了迷，李清照心中突然生出好胜之意。于是，她买得梅花插在云鬟间，耳语赵明诚，让他看看究竟是花娇还是人美。

短短数语，便把当时的场景刻画得栩栩如生，既写出了少女情思，也透露出二人相爱的情感，含蓄蕴藉，留有余味。

有人说，自《减字木兰花》及同时期作品开始，李清照的诗词风格趋向成熟。后世的评论家把这首《减字木兰花》看成李清照诗词的一个分界点，可见这首词在她的作品当中占据了不轻的分量。

这便是李清照与赵明诚婚后的甜蜜生活，哪怕是聚多离少，但二人相逢时总有数不尽的乐趣。如今想来，离别亦是美好的，因为有了离别的折磨，相聚时彼此才更加珍惜，愿意将最好的自己交托给对方，感受那欢聚温暖的幸福时光。

除了与心上人同游汴京之外，夫妻二人更是利用假期四处搜罗金石文物。李清照在《金石录·后序》中如此写道：

"赵、李族寒，素贫俭。每朔望谒告出，质衣取半千钱，步入相国寺，市碑文果实归。相对展玩咀嚼，自谓葛天氏之民也。"

可见，他们为了在相国寺附近购得古物字画，不惜节衣缩食，甚至将衣物典押换取银两。虽然夫妻俩生活清贫，但乐在其中。想来，情投意合便是如此，虽不曾奢华无度，却在平凡的生活中有着属于夫妻二人的充实与丰盈。

李清照的前半生可谓受尽了上天的眷顾，她觅得真爱，也为爱情倾己所有，最终换来了彼此的相知相惜。

这对新婚宴尔的夫妻在离别与重遇中徘徊着，他们有着自己的理想，也怀着对彼此的思念。此时没有外来的阻力，也没有战乱的影响，在且离且聚的时光里他们的感情不断升温，一切都是恰到好处。

也许，这便是"小别胜新婚"吧。

第三章

一处相思两处愁

在李清照的脑海中，始终有一幅画面：待到初秋将至，赵明诚完成工作被调回京城，风尘仆仆的他从大门走来，而自己早已立于庭院里的桂花树下，等待着夫君归来。天涯之大，让人叹为观止；世界之小，却让一颗心从此无处安放。

多情自是多沾惹，难拼舍

　　午夜梦回，遥望苍穹，突然想到人生一遭有何求？也许不过是为了爱与被爱；也许是为了看尽天下美景，尝遍天下美食；也许亦如余华所言："活着的意义仅仅是活着而已。"

　　但转念一想，何人生来不愿被爱？爱是普照世界的朝阳，也是轻抚心灵的清风。不是吗？当一个人沉浸在爱的蜜罐中时，谁会在意那些让人懊恼的不幸与伤悲。因此，茫茫红尘，世人寻爱而不惜痴狂。

　　不经意间两年过去，赵明诚学成归来，李清照本以为可以结束无尽的相思，与爱人过上双宿双栖的生活。然而，赵明诚却在其父赵挺之的要求下出仕，不日便要前往他乡上任。

　　两年间李清照与赵明诚的感情只增不减，赵明诚也曾想过放弃仕途，但想到多年寒窗苦读，岂能半途而废。看得情郎左右为难，生来聪颖的李清照只得故作欢颜。离别当天，李清照为赵明诚准备了行囊，二人一同走过花草繁茂的庭院，并肩无言。她多么希望庭院的走廊能再长一些，能与情郎多走一会儿。

路终究要走完，眼看大门就在不远处，李清照把行囊挂在赵明诚肩上。此时，李清照有太多的话想要说，可是那一句担忧应从何说起，那一抹不舍又如何道出？肝肠寸断终究化作相顾无言。

或许是在赵明诚出仕后的一个夜晚，李清照念着郎君而不可终日，想来当时多少女子愿夫君仕途安稳，平步青云，李清照却只希望能够一直与爱人相伴，无论是贫贱或是富贵。于是，李清照把情思寄托在笔端，留下这首《怨王孙》。

怨王孙

帝里春晚，重门深院，草绿阶前。

暮天雁断，楼上远信谁传？恨绵绵。

多情自是多沾惹，难拼舍。又是寒食也。

秋千巷陌人静，皎月初斜，浸梨花。

春天的夜空与往常并没有什么不同，李清照的心境却比从前灰暗，因为丈夫的这趟旅途不知何时才能结束。

坐在阁楼上俯视着庄严的大门以及宽阔的庭院，台阶前丛生的野草是暮春时节的标志，但自己无心外出赏春游玩。看天色已黑，李清照难免伤感一番：连大雁都歇息不见踪影了，无法替她传达思君的书信。

李清照不禁感叹，此时自己坐在最高的楼阁上，却看不到丈夫任职的地方，那绵绵不断的思念也无法送达。算了吧，想来世间女子大多如此，自己又何必多想。

不经意间夜已深，李清照只能看着月光下的梨花，花簇在微风下摇曳着，徒增伤感。

读罢此词，深觉凄美。也许每当夜幕降临时，月光下总有一个清秀的身影，遥望皎月虔诚地祈祷着，期望丈夫能够早日归来，为孤独无助的她遮风挡雨。

李清照的感伤并非毫无缘由，生性自由的她自来到赵府后一直不受赵挺之待见。在赵挺之眼中这只是政治上的联姻，他自然不会对李清照有什么好感。

李清照为人随性不羁，对于墨守成规的教条她从来都不屑一顾，因此赵挺之几次对李清照进行教导时，她都奋力为自己辩护。久而久之，赵挺之对这个儿媳深感不满，并处处刁难她。

对于李清照而言，还有一事让她始终难以在赵府抬头——婚后两年，二人久久未见子嗣。南宋金石学家洪适曾在《隶释》中明确表示赵明诚无嗣，而翟耆年在《籀史》提到赵明诚"无子能保其遗余，每为之叹息也"，因此二人一生无子嗣一事无须质疑。

在"不孝有三，无后为大"的封建社会里，休妻有七条准则，"无子"被列为第二大罪项。若是赵明诚有意，恐怕李清照此时早已惨遭抛弃，受尽白眼。

好在赵明诚仍不时守护在她身边，每当父亲有所刁难，赵明诚总是挺身而出为李清照遮风挡雨。然而，此时那个守护她的男人已经为了仕途离去，她甚至不敢想象日后在赵府的生活，只能把汹涌的情思寄托月光，思念离人。

无论如何，李清照依然生活在赵府。一来若女子贸然从夫君家离去，有违风俗，哪怕李清照自幼罔顾世俗亦不愿做有损名声之事；二来李清照留在赵府的主要原因是期待着赵明诚的归来，既然自己已经将一片真心交付给他，那么这点挫折又何妨忍气吞下。

在李清照的脑海中，始终有一幅画面：待到初秋将至，赵明诚完成工作被调回京城，风尘仆仆的他从大门走来，直奔书房，而此时的自己早已立于庭院里的桂花树下，等待着夫君归来。

留在赵府忍气吞声也好，心念郎君何时归也罢，我们从中均可看出李清照对伴侣的钟情与倾心。然而命运多舛，还未等到赵明诚归来，一件震惊朝野的大事使李清照的所有等待都化作云烟。

海棠开后，正伤春时节

纵观五千年华夏历史的中轴线，其中倾国红颜有之，绝世英雄有之，名垂千古者有之，遗臭万年者有之，但如你我一般的平凡人，却只是在时间的推移下感受平凡的悲与喜。

然而，人生的魅力在于看似相同的际遇里，每个人却感受着不同的人生乐趣。在漫长的一生中，我们会遇到不同的人，碰到不同的事，也许始终躲不过分离与相思，也无法预测茫茫人生有何人做伴……但命运便是如此无常，让人无法预测。

值得庆幸的是，我们会遇到所爱之人，他的存在能让我们将曾经所有的悲伤与不幸暂且放置一旁，全心全意地感受爱的甜蜜。李清照亦然，她的世界是简单而透明的。在这深深的宅院中，她始终与回忆相伴，每日沉浸在或喜或悲的回忆中，丝毫不曾理会窗外的凄风苦雨。

在她一心盼望着郎君归来时，她的父亲李格非遇到了政治生涯中最大的难题——贬官归田。

当时朝廷局势极其动荡，宋哲宗驾崩，宋徽宗继位，改元崇宁。无奈奸臣蔡京执掌政权，而与他同一阵线的赵挺之更是平步青云，出任尚书左丞一职。

早在宋神宗时期，宰相王安石为了强化中央集权以及丰盈国库，推行了有名的"王安石变法"。

众所周知，这次著名的变法以失败告终。当时朝野中分为支持派与反对派，多年来两派各执己见，到宋徽宗时期依然争论不休。

就变法的内容而言，的确能够进一步提升国力。但王安石没有想到，在朝廷与百姓之间夹杂着无数层级的官员，这些官员多利用自身职权，通过变法增加百姓税收，谋取私利，引发了多起民众暴乱。

为了避免官逼民反，以司马光为首的一众官员当机立断站出来反对继续实施变法，其中苏轼是提倡叫停变法的主要人物。在群情汹涌下，宋神宗不得不停止变法，王安石也被罢免了丞相之位。

"王安石变法"在此时理应告一段落，但变法叫停后，大批官员的利益受到损害，更有重臣对苏轼等人怀恨在心，以致发生了一连串的争斗。

后来，高太后垂帘听政，苏轼等支持废除新法的大臣得到重用，百姓亦过了一段安居乐业的日子。然而不消多久高太后驾鹤西去，由宋哲宗继位。

宋哲宗再次推行新法，沉重的税收让百姓叫苦连天。此时，胸有抱负的李格非在苏轼的引荐下正式出仕，成了反对派的一员。

宋哲宗驾崩以后，宋徽宗想要进一步推行新法。深得皇上意图的蔡京便欲借赵挺之除掉苏轼等人，而赵挺之也乐意为之。

于是，蔡京与赵挺之联合，将曾经被高太后重用的群臣冠以"元祐党人"的称号，并且在朝野之上处处排挤。李清照的父亲李格非便是其中之一，他在支持派的排挤下惨遭贬职，被遣离京。

离京的前一晚，李格非默默地站在有竹堂前，回想起曾经的点滴。九月的晚风已透着丝丝凉意，但他的内心比起那寒风更寒。

不多时，李格非被贬的消息传遍汴京，就连深居简出的李清照亦得知此事。父亲的不幸遭遇使她顾不得儿女情长，欲尽自己一分绵力帮助父亲。然而，小小女子如何能改变君王的决定，赵挺之更是命人限制了她的行动，对她百般刁难。

此时的她终于明白自己的婚姻不过是赵挺之眼中的一场政治联姻。父亲在朝廷尚有一席之地时，哪怕是自己无意顶撞，赵挺之也不至于勃然大怒，而父亲被贬后，自己在赵府的地位甚至不如下人。

李清照躲藏于深闺，她不愿再去参与这些让人烦忧的纷争。只是今生父女一场，她于心不忍。于是，在赵府从不肯卑躬屈膝的李清照不得不主动示弱，将一首情感真挚的救父诗交予赵挺之，希望他能够看在自己与赵明诚的情分上救助李格非。

但炙手可热的赵挺之岂会因为一名女子的请求而做一些有损仕途的行为呢？赵挺之丝毫不理会李清照的求助，对李格非及其他相关人员采取了"宁错勿放"的手段，将一众"元祐旧党"驱逐离京。

面对赵挺之的绝情，李清照如坠冰窖一般，最终写下："炙手可热心可寒，何况人间父子情"的诗句，以表自己对赵府及赵挺之的不满。后来，赵挺之甚至命人将她锁在房中，终日不得出门，可怜李清照只能任由那无助与失望化作泪水从眼眶掉落。一生品行端正的父亲如今竟被莫须有的罪名贬官遭离，李清照的内心痛苦万分。

在那个伤春的季节里，李清照仿佛一夜之间成长了。曾经，是爱情让她无比向往婚后的生活，然而在亲情面前，爱情的甜蜜岂能掩盖那血浓于水的悲伤？

李清照此时无比痛恨自己的公公，他为了个人功利与奸臣勾结，害得父亲晚节不保。她抬头问天，这世间难道没有是非公道吗？

好事近

风定落花深，帘外拥红堆雪。长记海棠开后，正伤春时节。

酒阑歌罢玉樽空，青缸暗明灭。魂梦不堪幽怨，更一声啼鴂。

冬去春来，万物丛生。然而，这个初春并没有将希望带来，反而带来阵阵春雨，让人更觉忧愁，想来帘外风雨必定吹落了不少花朵。果不其然，窗外落红与积雪相间，或红或白，只是李清照已没有闲情去观赏这幅初春画面。

回忆的潮水汹涌着，想来初春并不是人们歌颂的那般美好，反而带有丝丝忧愁。待到酒喝干、蜡烧尽时，等待自己的也不过是一片无尽的黑暗。

举杯浇愁愁更愁，说来也并非毫无道理，本以为醉过以后能一觉睡去，谁想到那噩梦竟萦绕不散，直到醒来的时候，点点幽怨依然积聚心中，徒增悲凉。

最终，李清照甚至没来得及跟父亲说一句告别的话，李格非便被派遣离京，返回济南。李清照是多想抛却一切跟随父亲而去，奈何她已经是赵家人，心神俱裂的李清照只得留在深闺，独自流泪。

一夜间，这个曾经在她看来无比繁荣昌盛的帝都已不复从前，关于反对派官员被贬的流言蜚语传遍汴京的大街小巷，如今的京城再也不是当年那样妙趣横生，反而让人讨厌至极。没有了李府的汴京对于李清照而言已没有一丝值得留恋的地方，若不是此时被软禁于此，恐怕李清照早已随父亲回到济南，权当过去几年不过一场黄粱美梦。

夜阑人静，多少往事随风入梦。李清照越发沉默寡言，她常常站在桂花树下，想念童年的快乐无忧，想念新婚宴尔的郎情妾意……此时的她恨不得化身鸿雁，逃离这个戒备森严的庭院，回到熟悉而惬意的李家，承欢于父母膝下，以抚慰父亲沧桑的心。

世事便是如此，若不是历经挫折与磨炼，那颗幼嫩的心如何在时光的洪流中化作闪亮的明珠呢？也许，在不公与委屈面前，我们唯一能做的便是调整心态，把一切交托给时间。毕竟，谁也逃不过时间的评判……

此情无计可消除

　　天涯之大，让人叹为观止；世界之小，却让一颗心无处安放。有人说，如果心中没有了家，到哪里都是漂泊。我说，如果心头生了思念，到哪里都是别离。

　　有时候，当我们回首来时路，会发现所有的欢乐都是那么短暂，思念却是如此绵长。跨过山、越过海，当抬头望及蓝天白云时，那份隐痛依然植根心底，始终无法痊愈。

　　汴京的天空依然风轻云淡，仿佛在静观人间所发生的一切，那悠然绵长的男女之情，那机关算尽的争权夺位，那不惜一切的唯利是图……百年以后，是否有人记得这里发生的一切，是否有人懂得当时每个人的爱恨情仇。

　　那一年，宋徽宗昭告天下："宗室不得与元祐奸党子孙通婚。"这使李清照在赵府的地位更加低下。说来，赵挺之乃至整个赵家均与皇室同姓，虽然赵挺之出身并非皇室，但多年来均暗暗以皇室贵族自居。因此为了追名逐利，赵家响应朝廷的号召，将身为"奸党"

之女的李清照上报了朝廷。

在功名利禄面前，赵挺之从来都是贪心的，虽然此时的他早已身居朝廷要职，但对权势的欲望是无尽的。他此举不仅要拉近赵家与皇室之间的距离，同时也是为了儿子的仕途。

他明白，如今朝廷忠臣乃至宋徽宗均对苏轼等人无比厌恶，那么赵挺之只得与苏轼的党羽李格非一家撇清关系，如此一来方能平步青云，避免让当年与李家联姻的事情成了自己事业的绊脚石。

也许，自李清照嫁入赵家那天开始，一切都已经被命运安排。她的父亲与公公本是政敌，联姻不过是赵挺之为了拉拢李家，那本以为是命中注定的良缘最终却发现不过是一场心机。

李格非被贬职后，李清照在赵府仿佛失去了所有的价值，她的地位比下人更卑微，没有人愿意与她攀谈，而远在他乡的赵明诚更是不知何日归来。

那段日子里，李清照常借酒消愁，也许只有迷醉才能停止烦恼的侵袭。午夜梦回时，李清照不禁想起曾经的青葱往事和与赵明诚的海誓山盟，然而此时爱人不在，就连书信也许久不回。

一天夜里，赵府终于向李清照发出逐客令。她与赵明诚之间的点点滴滴随着她的转身而各散天涯。

出门前，李清照回头看了一眼曾经居住的房间，多少往事历历在目，多少蜜语言犹在耳。那一年"眼波才动被人猜"的娇羞犹在；那一夜"笑语檀郎，今夜纱厨枕簟凉"的柔情尚存；那一刻"云鬓斜簪，徒要教郎比并看"的情思不改。奈何那恍如昨日的美梦此时便要消散，使人徒增伤感。

相传，在赵明诚出仕之前，李清照难掩离别之情，于是将一首《一剪梅》交予赵明诚。但据史学家研究以及《金石录·后序》中记载，李清照在党争中受到株连后被迫离京，因沿途种种勾起了她对丈夫的思念，才写下了这首愁情万丈的千古名作。

虽然词作究竟何时所作，后人不得而知，但无碍词中离愁之浓烈，传得后世万人吟诵。

一剪梅

> 红藕香残玉簟秋，轻解罗裳，独上兰舟。
> 云中谁寄锦书来？雁字回时，月满西楼。
> 花自飘零水自流。一种相思，两处闲愁。
> 此情无计可消除，才下眉头，却上心头。

不经意间，寒意袭来，想来又是初秋时，荷塘里的荷花已经渐渐凋零，只有余香犹在。那独守空房的时光总是如此冰冷，当你回来之日，房间中早已"人去席冷"。

回想起旧日双双泛舟的时光，难免叹息。曾经朝夕相伴的情郎再也不见，为消情思，多少个日出日落，不得不换着便装独自游湖，回想着平日种种不公，恨不得乘舟离去却又不舍昔日情意。

南飞的鸿雁已经返回，满盈的月光普照着西楼，想来此时寻常人家早已团聚一堂，而自己却求不得一封家书，只得任由思念蔓延。

日落西山，丈夫此时必定也思念着自己，明明彼此相爱却分隔两地，忍受着相思之苦。想来，自与夫君相见之日起，这份浓烈的情意便一直在胸间汹涌着，无法排遣。每每此时，紧蹙的愁眉好不容易才舒展，思绪却又涌上心头，内心的绵绵愁苦挥之不去。

虽然对赵明诚的情意让李清照一直隐忍于赵府，然而此时天子下诏派遣她离京，赵府却置身事外。想到此行一别或许再也无法与爱人相见，李清照的心中不由得一阵悲伤。

此时的她如若不回家乡，又能到何处安身。想到世界之大，竟容不下一个小小女子，李清照不禁哑然失笑。

不知夫君得知自己被驱逐离京后会有何感想，恐怕他也难免伤心欲绝吧。也许，他会去找父亲赵挺之理论，然而他的仕途始终掌握在赵挺之手上，他哪怕心有不甘也难以抵抗父亲的命令吧。

李清照觉得自己不过是赵明诚身边一朵孤芳自赏的花。赵明诚在她身旁时定是好好观赏一番，但若不在她身旁，那么任花朵开得如何鲜艳，亦是徒劳。

在李清照胡思乱想之际，马夫的催促声让她不得不回到现实之中。看着渐行渐远的汴京，她别无它望，只求夫君健康平安。此去经年，不知是否有缘再聚，往日新婚不过转眼间，却道是早已沧海桑田。

花间伊人独憔悴

重回旧地，花间月下依旧，物是人非泪先流；未见旧情，浓情蜜意心间，日夜思君难回头。快意人生，大步流星看尽风花雪月，殊不知往事匆匆，却是不堪回首。

站在曾经伴随自己整个童年的家门前，李清照心中可谓五味杂陈。曾经在父亲指导下亲手栽种的梅树，此时也不再是当年弱不禁风的样子，嫣红的梅花攀附着枝干，从李府围墙高处探出头来，与此时的夕阳相得益彰，仿佛欲与天比娇。即使无人照料，这一树梅花竟然也开得如此艳丽，而自己的一生无时不精心经营，却落得如此下场，李清照不免唏嘘不已。

一连数日的赶路使李清照早已疲惫不堪，从汴京回到济南，她的心事恍如潮水一般翻滚。对父亲的同情、对夫君的思念以及对公公赵挺之的怨恨一直占据她的心间，使她形神憔悴。

此时，李府大门紧锁，里头没有丝毫声响，幽静的庭院在夕阳的衬托下俨然成了一幅落寞的画面，立于门前的李清照更是这一抹残红中的主角。

也许父亲早已痛苦不堪，若他得知女儿也被遣离回京，该是如何伤感。面对父亲的不得志，李清照不知应如何安慰，也许静静地陪伴在他身旁便是最好的慰藉。

想来可笑，在离京之前李清照为了营救父亲，不惜卑躬找公公赵挺之求情，奈何赵挺之心意已决，以致李清照有感之下发出"炙手可热心可寒，何况人间父子情"的感叹，以嘲讽功名利禄下的无情之徒，其魄力更是为世人所赞誉。

当李清照立于门前不知如何是好时，父亲的声音却从背后传来。她回过头，只见父亲以及家中仆人、亲属纷纷立于身后，众人脸上均显着挥之不去的愁容，不少女眷更是一脸泪痕。

李清照进入故居后，那杂草丛生的庭院以及污水横流的环境让她深切感受到家中的困境。平日最爱布置庭院的父亲怎么会忍受如此杂乱无章的环境？想必是近日所发生的一连串政事使他饱受挫折，自然也无心山水。

抬头望去，李清照震惊不已，只见黑白相间的布条与纸花悬挂于门前，她心中咯噔一下，一种不祥的预感从心头传来。今日诸多亲属齐聚一堂，恐怕并非巧合。

走进内屋，李清照见屋里情形，不由得心生悲怆。内屋此时被设成灵堂，中央摆放着祖父的灵位，而家中女眷已经跪倒在灵位旁边，失声痛哭。李清照这才发现，父亲以及那些远道而来的亲戚无一不是身穿孝服，那曾经伴随自己度过童年的慈爱，此时也伴随着祖父而离去。

从父亲口中得知，祖父临终前最挂念的就是李清照，在弥留之际，他的嘴里叨念着孙女的乳名。李清照听后悲痛不已，不禁痛哭流涕。想来人的一生，青春烂漫有时，故作忧愁有时，看破红尘有时，悲不能泣也有时。我想，若不是回忆如此沉重，谁又愿意承受这名曰成长的苦。

曾经的慈爱已经被厚厚的黄土掩盖，唯有将散未散的回忆氤氲心间；曾经使人心神荡漾的甜蜜在现实的无奈下烟消云散；曾经忠心报国的宏图大志如今亦在党派斗争中落得身败名裂……

处理完祖父的后事，李清照与父母重新整理旧居，曾经活泼好动的李清照鲜见欢颜，变得成熟而寡言。或许在她的心中依然期盼着那个身影能够突然出现在面前，脑海中无数次幻想与赵明诚相遇的情景，恰如苏轼在《江城子》中描绘夫妻重逢的画面，"夜来幽梦忽还乡。小轩窗，正梳妆。相顾无言，唯有泪千行"。

不经意间，一年过去，李格非的生活重新归于平静。也许他的心中始终惦记着曾经的官宦岁月，依然怀着一颗为国为民的心，但经历官场失意后，他也开始懂得享受生活中每一段平凡的岁月。

当花香扑鼻时，李清照想起那一年在相国寺的点点滴滴。当雨水落下时，她心中的哀怨仿佛随着滴答的雨声而生根发芽。那场婚姻使她经历了人生的美好，也尝尽了生活的无奈。

自从一年前在朱门遥望赵明诚远去以后，那依稀可见的背影便是他最后留给李清照的礼物。此时，李清照与汴京相隔千里之遥，因而只能与情郎在梦中相见，以缓解心中刻骨的思念。

多少人年轻时，总是渴望一场轰轰烈烈的爱情，哪怕最后没有跟心爱的人白头偕老，但是这段绚烂的年华将永远烙印在心中。华夏数千年，无数人追寻其中，为了爱情心神俱裂、肝肠寸断，甚至愿意为爱献身……

离开汴京的一年来，李清照在悄无声息的夜里不知哭泣了多少回，也不知道默默思念了多少个夜晚，而陪伴她的只有窗外的花开花落，雁来雁往。作为女子，她渴望的不过是一份平凡的爱情，可现实却给予她太多的无常。

那么在这一年里，赵明诚是否也曾为了李清照而思潮汹涌呢？左右为难的他在父亲及爱妻之间又是如何抉择的呢？虽然历史上并没有明确记载赵明诚在这次"元祐事件"中的举动，但从当时陈师道写给黄庭坚的信函中可以看出，那段时间赵明诚与赵挺之的关系并不是十分和谐。

信中有言："正夫有幼子赵明诚，颇好文义，每遇苏、黄文诗，虽半简数字，必录藏，以此失好于父。"由此可见，赵明诚当时因痴迷于金石学，与父亲关系不和。

不难看出，赵明诚虽然不如父亲赵挺之一般执着于功名利禄，亦不曾参与这场党派之争，但他对于苏轼、黄庭坚等人的著作无比钟情。若与父亲发生争执，恐怕他将倾向于父亲的对立面，更何况近几年来伴随赵明诚进行金石学研究的正是爱妻李清照。

因此，在这次"元祐事件"中，虽然赵明诚不一定与父亲赵挺之争论，但肯定不会偏袒父亲，这也许是对李清照一家最好的抚慰。无论结果如何，李清照在离开汴京一年后不曾与赵明诚相见，那点点愁思郁结在她心中，挥之不散。

花依旧芬芳，却不懂得世事艰辛；云依旧舒展，却不曾负担人间之重。李清照经历了这些年来的分离与成长，她是否依然保持一颗真挚且炽热的心，是否依然敢爱敢恨，为了心中的美好而不顾世俗？

我想，答案是肯定的，这是伟大的人所要承受的代价与必须经历的成长。

守得云开终见暖阳

日落黄昏，月淡醉人，浓云不知柳下思；花自飘零，海棠无梦，兰舟不见昔日容。君不见暗涌芬芳，却道是海棠绚烂时，未闻凄风苦雨，却见得佳人展愁容。

悲伤可以维持多久？想来没有人知道。曾经受过的伤与流过的泪或许一生都不会消散，那刻骨铭心的回忆最终会化作千万根针，落在我们心中最柔软的地方，偶尔牵动则隐隐作痛。

要说世事无常，却又不可尽言。春来秋往虽年年如是，但伤春悲秋并不年年如常。李清照自离京后，忍受了太多的相思之苦，宋徽宗的一纸诏书使二人虽彼此有情却又不得相见。

在朝廷一连串的打击下，苏轼、黄庭坚等党派官员多以告老还乡为由纷纷离开朝堂。排除异己后，蔡京与赵挺之二人却由于各自利益而互相排挤，由合作的搭档变成了对立的政敌。

那一年，朝野政局出现了变化，对于李清照、赵明诚乃至赵挺之而言，都是最具转折性的一年。宋徽宗下令拆除元祐党人之碑石，大赦天下，解除遣返元祐党人离京的诏令，并重新启用元祐党群臣。

导致宋徽宗有如此举动的原因，相传是由于当年某一个夏夜，天空中出现了一颗流星，其坠落的轨迹恰好将文德殿墙上元祐党人的碑石击裂了。宋徽宗得知后将其视为天意，于是下令毁掉元祐党人的碑石，并且下达大赦天下的诏令。

如此一来，朝野发生了翻天覆地的变化。同年，赵挺之上任尚书右仆射兼中书侍郎，其官职与蔡京平起平坐，因此大大提高了他与蔡京叫嚣与对峙的资本。同年，蔡京的弟弟蔡汴被罢免，失去了作为知枢密院事的弟弟的扶助，蔡京的权力受到极大的遏制。

然而，朝野之事岂能一朝定言。虽然蔡京失势，但他甚是懂得迎合宋徽宗，不久之后便再次坐上宰相之位。重新得势的蔡京自然不会放过一直与他作对的赵挺之。

赵挺之亦非等闲之辈，他深知自己绝无翻身之本，因此连夜辞官，避免了不必要的政权斗争。而赵明诚在这场变革中可以说是获益匪浅：对元祐党的派遣解除，使他得以与李清照重新相见，并且由于朝廷正值用人之际，因此赵明诚得到宋徽宗的恩赐，任职鸿胪少卿。一年之间，赵明诚仕途顺利，可谓好事连连。

史籍记载："挺之入相累月，引疾乞罢，而是有命。十月乙丑朔，挺之既罢相，上以挺之子存诚为卫尉卿，思诚为秘书少监，赵明诚为鸿胪少卿。挺之辞不敢当，乞收还成命，诏答不允。"

当然，最为兴奋的莫过于李家。宋徽宗此举无疑给李家带来了最大的喜讯。那年七月，朝廷下令当时被派遣离京的官员回京。接到诏令后，李格非喜极而泣，迫不及待地携家眷上京。

当李清照得知自己能够回京，并且能与赵明诚相见时，她不禁感叹。此时的她望着窗外春色，那点点繁花再也不如从前般黯然失色，绽放的花蕾使她欢颜尽露。几年来，她的心恍若浮萍一般，在思念的潮涌中飘荡着，如今终于得偿所愿。

小重山

春到长门春草青。江梅些子破，未开匀。
碧云笼碾玉成尘。留晓梦，惊破一瓯春。
花影压重门。疏帘铺淡月，好黄昏。
两年三度负东君，归来也，着意过今春。

想来，这些日子忍受相思之苦、日渐消瘦的李清照自是无暇赏花游玩。如今否极泰来，她方才发现春天已经悄然来临。那嫩绿的青草在门外庭院处肆意丛生，曾经无人问津的小屋门前也焕发了不少生机，窗外梅花更是含苞待放，给整个庭院添上了春天的气息。

不胜欢喜的李清照从笼中取出上好的碧云茶，缓缓碾成粉末再以开水浸泡，那漂浮在水面上的茶末恍如碧玉一般晶莹。

淡淡茶香，氤氲了深闺，驱散了思念与愁云。要知道，若不是这喜上眉梢的好消息传来，恐怕这满园春色还被笼罩在哀怨之中，无法肆意绽放呢。

若不是父亲的呼唤，恐怕李清照依然沉浸于喜悦之中无法自拔。相比于李清照，父亲回京的急迫之心理应更甚。因而，李格非当日便命家人收拾行囊，启程回京。

听得父亲所言，李清照不禁嫣然一笑。待到行李收拾好，已是落落黄昏时。那花间美景掩映着重重的门户，淡淡的斜阳透过帷帘照进，原来黄昏亦可有如此美景佳意。

回想昔日岁月，已经是数度辜负了这片春日美景，但不要紧，重逢的日子已经来临。这一次，说什么都要与君相挽，好好品味今年的春日美景，重拾当年琴瑟和鸣的温馨。

通往汴京的路是崎岖的，而李清照的心却是跃动的。君不知，为了这一天的到来，李清照流过多少泪水，倾尽多少相思。那一笺入京的通行信被她收于囊中，那是苍天给予她最好的礼物，她终于能在不久的将来见到昔日情郎。

一年未见的汴京繁华依旧，与初次来京时一样，李清照是如此兴奋和雀跃。距离第一次来汴京已经将近十年，李清照没有想到，这十年来自己竟然会因为再次回到汴京而心生欢喜。

不同的是，初到汴京时，正值花季的少女因为万千世界而雀跃不已；如今，这位痴情少妇却因为一个久违重逢的时刻来临而感到激动。

也许，在过去的一年中，李清照曾经无数次想过与郎君重逢的时刻，然而当这一刻真正来临时，她却又感到如此的不真实。回到赵府，一切都是那么熟悉，曾经一同漫步的回廊，一起欣赏晚霞的庭院，仿佛一切都不曾改变。

也许，唯一变却的是那不可一世的赵挺之，此时的他已经没有了曾经的意气风发，苍白的脸上透着淡淡的愁容，见李清照归来他只是紧闭双眼，视而不见。而李清照自然也不在意，此时的她只愿回到曾经与夫君双宿双栖的房间，与赵明诚重温旧日温馨。

庭院中，依旧是熟悉的花香，装潢也如离开前一般未曾变动。唯一不同的是，当初自己独守的空房中，一个淡淡的身影正背对着自己，手持书卷淡然品阅。

久别重逢，话音未至泪先流，多少次魂牵梦萦的情景终于得以实现，多少次午夜梦回时流下的眼泪终于有了它的价值。看到夫君回头，李清照迈步向前，顾不上女儿仪态，一头闯进夫君怀中，泣不成声。

久别重逢的喜悦蔓延在二人心间，那一抹温热如今依然余存。对于这对患难夫妻而言，当下是苦尽甘来的甜蜜。那一刻，他们身边没有政治也没有阻碍，只有两颗跃动的心在喜悦中相互萦绕。

我想，世间的爱情大多如此，虽然彼此难以抵抗命运的捉弄，但只要二人同心，彼此的温热亦能使他们勇于面对未来。

同进共退，相濡以沫，这便是最美的爱情。很庆幸，这份隽永且坚韧的美好在李清照与赵明诚的相拥中冉冉升起。

第四章

凄风苦雨悠自得

伊人盼花花盼春，独醉凡尘为谁浓，未见春风绿繁枝，顾影自怜映落红。年年月月虽相同，一年四季替换，不同的只有人的心境。郎相伴，妾相随，在郎情妾意中，谁又在乎窗外的凄风苦雨，过去的苦难在平淡的生活中被抛诸脑后，陋室一间便是彼此的乐土。

风雨飘摇，前路莫测

人生苦短，光阴似箭，有时候我们尚未明白人生该如何度过，时间便已摧残了意志，苍老了容颜。

也许，当生命走到尽头的时候，让人为之疯狂的功名不过是黄土地上的一抔土，让人为之奋斗的金银财宝也仅仅是蜡烛旁的一滴泪。世事无常，待到无能为力的时候，我们才开始后悔这些年错过的人与事。

我们总是为了虚无的头衔而忽略了陪伴亲人，总是为了一时的痛快而无视爱人的需求，还有那些为浮名、为权力而钩心斗角的瞬间……

我想，这些虚无且不可捉摸的荣华富贵最终会成为人生中最大的悔恨。比如赵挺之，一生热衷于争权夺势，最后却落得满盘皆输，实在是虚度了一生的好时光。

宋大观元年（1107年），为权势痴狂的赵挺之因政坛失意而一蹶不振，直至病故，享年六十八岁。

随着赵挺之政治生涯的结束，赵府上下的好日子也渐渐到了头。也许是赵挺之曾经对蔡京造成了极大的威胁，使得蔡京对赵家心生芥蒂。为了铲除异己，身为宰相的蔡京在赵挺之离世后立刻给宋徽宗上书，捏造各种罪行污蔑赵家。

在蔡京给宋徽宗的奏折中，除了污蔑赵挺之生前的各种罪行外，更是想方设法将赵家一干人等送进监牢，避免后顾之忧。因此，在蔡京的操控下，赵明诚兄弟三人悉数被投入牢狱，数月后才得以释放。

关于赵挺之离世且赵家没落一事，民间有传闻：赵挺之在辞去宰相后五天，便暴毙于家中。随后三天内，赵挺之尸骨未寒时，蔡京便多次带人前往赵府抄家。曾经权倾朝野的赵家在一日之内变得一无所有，那堂皇的大宅变得一片狼藉，曾经的欢声笑语变成悲哭哀号。

《道德经》里有一句话用在此时的赵家身上无比适合："祸兮福之所倚，福兮祸之所伏。"赵明诚在这场政治斗争中败下阵来，不仅被罢免了官职，更是被遣送回乡，曾经辉煌一时的赵家此时陷入了困境。

更可怜的是，李清照难得从故里回到汴京，此时又因为赵明诚被罢而不得不继续漂泊流浪。不过这次有夫君相依相守，李清照的心中少了几分怨言，多了几分欢喜。

赵明诚与李清照二人当时还不知道，恰是赵府遭遇的这一波劫难，为他们带来了十年安稳与平凡的生活。也许，人的一生中最可贵的莫过于一段清浅而闲散的时光，李清照虽然注定在日后会有一番波折，但善意的流年依然给予她一段难得的平凡与悠闲的时光。

在李清照七十余年的绚烂人生中，只有二十多岁到三十多岁之间的光阴最为洒脱。那时候的她有爱人做伴，并且远离喧嚣，每日以诗书为伴，以研究金石学为乐。当时的她正值妙龄，没有年少时的无知，也没年老时的消极，度过了一段夫唱妇随、岁月静好的时光。

官场失意后，赵挺之的三个儿子纷纷离开朝野。在家人的劝说下，赵明诚为了明哲保身，便带着李清照及家眷一同赶往故里青州，定居于赵家的祖宅。

然而，在离开汴京时，赵明诚等人难免心中怨恨。一想到日后难以在汴京立足，只得退隐，再想到自己多年苦读，却落得如此田地，年少气盛的赵明诚虽然不贪图功名利禄，但锐气被挫，自然心中难受。

俗话说：塞翁失马，焉知非福。我们不妨将时间推后百年，可以发现，青州的十年使赵明诚从一个小小官员变成了历史上不可忽视的金石学专家以及文物鉴赏家，而李清照亦从一个小才女变成了流芳千古的女文豪。

十年间，赵明诚与李清照穷一生之力将金石学及文物鉴赏方面的心血集结成书，撰写了流芳后世的《金石录》。李清照根据自己的词作创作经验写下了《词论》，震惊后世文坛。

在迁离之前，李清照见夫君烦心寡言，便自行退至庭院，不愿打扰赵明诚深思。其实，她何尝不知赵明诚的心事？只是官场险恶、世事难料，浮沉其间岂是事事由人？

她看着庭院中绽放的白菊，想到走后便无人打理，恐怕再璀璨的繁华亦难免凋零。是啊，芸芸众生不正如这白菊一般吗？岁月静好时可肆意开放，时局动荡时便难免颠沛流离。看着朵朵白菊，李清照不由得想起洁身自好的陶渊明和一身正气的屈原，于是，一首《多丽·咏白菊》就此诞生。

多丽·咏白菊

小楼寒，夜长帘幕低垂。恨萧萧、无情风雨，夜来揉损琼肌。也不似、贵妃醉脸，也不似、孙寿愁眉。韩令偷香，徐娘傅粉，莫将比拟未新奇。细看取、屈平陶令，风韵正相宜。微风起，清芬酝藉，不减酴醾。

渐秋阑、雪清玉瘦，向人无限依依。似愁凝、汉皋解佩，似泪洒、纨扇题诗。朗月清风，浓烟暗雨，天教憔悴度芳姿。纵爱惜、不知从此，留得几多时？人情好，何须更忆，泽畔东篱。

正值浓秋，虽然放下了厚厚的帘幕，可小楼依然寒气逼人。自己在屋内都感到寒凉，这朵朵如玉般洁白的白菊，在寒风冷雨的摧残下必定更是难受。然而，被肆虐的白菊不甘屈服，在狂风下盛放得更加绚烂。

细细看来，那白菊婀娜多姿，别有一番韵味。它不像杨贵妃醉酒一般微红妩媚，也不如孙寿一般愁眉轻柔，至于东晋韩寿偷香，或是徐妃搽粉之举亦无法与白菊那独特的个性相比。若论白菊之美可与古今何人相配？想来必是正气的屈原与清高的陶渊明。

不是吗？试问古今中外有多少人能够摆脱世俗，如白菊一般孤傲高洁。看，微风吹来时，白菊散发的丝丝清香丝毫不比繁花的浓香逊色，既然此处不留人，那何不如屈原、陶渊明一般洁身自好，远离是非之地呢？

可怜我辈，为求功名，在那人心难测的朝堂中颠沛流离，愁思百尺，恍如眼前日渐瘦弱的白菊，在秋风吹尽时才感到依依惜别之情。你看，那一抹垂眉低首是如此忧愁，那一滴清泪是何其伤感。

唉，想来世间白菊之美，有多少人会视若珍宝，我纵是无比爱惜，可天公不作美，它又能留下多少时日呢？罢了罢了，如果人人都能欣赏白菊的洁净孤傲，又何须日夜追忆屈原与陶渊明的正气盎然呢？

几天后，赵明诚一家收拾好家中仅剩的财产，踏上了返回故里青州的旅途。多少人一生希望衣锦还乡，而赵家此行却是失意被逐，可见赵家人是何等的无奈。

青州小城没有帝都繁荣昌盛，也没有喧哗欢腾。尤其是赵家的祖宅，位于郊外的房子早已坍塌，旁边不过是几间破旧的泥屋与三五古稀老人，透着一股衰败凋敝的气息。

虽然环境相对恶劣，李清照对此却无比钟情，此处虽不如汴京喧嚣，却繁花拥簇，青山绿水，整个村庄显得静谧悠闲。在李清照看来，与世隔绝，正好与爱人双宿双栖，共度时日。

至于前路如何，李清照不曾多想，毕竟对于女子而言，有一种幸福叫作当下，它让人学会不念过去，不畏将来，珍惜身边的一分一秒……

便抛印绶从归隐

人生如戏，终有曲终人散时，尝过人间百态以后，那一抹淡淡的悠闲也许就是人生最好的归宿。虽然李清照历尽相思与等待，然而如今的安逸生活却让她觉得一切都是值得的。是啊，如果没有肝肠寸断的离别，又怎么懂得相聚时的珍贵。

来到青州以后，赵家开始了忙碌且清贫的生活，修葺祖屋、安顿好家人后，赵明诚与李清照二人择一耳房而栖。生活并不容易，赵明诚必须每天外出寻找工作，当他拖着疲倦的身躯回到家中，早已是日落西山。此时，李清照便把午后采来的果实与野菜端往桌上。与在汴京时相比，这一桌野菜寒食的确难比山珍海味，但赵明诚本不贪图口腹之欲，而李清照有爱人相伴，自然也不在意生活的困苦。

对于这种简单而快乐的生活，李清照在《金石录·后序》中如此记载："甘心老是乡矣。"每每读到此处，我的心中便不由自主地生出一股淡淡的幸福感。

回想十年前的李清照，初到汴京便心怀大志，她勤加苦学，拜晁补之为师，习得一身才情。如今十年过去了，李清照经历了情窦初开的青涩，也经历了离别相思之苦，深知世间最大的幸福莫过于与爱人相伴相守。也许，她不再想要蜚声文坛，也不想要富贵荣华，在她心中最重要的不过是举案齐眉，长相厮守。在青州十年，她宁愿在清苦的生活中享受郎情妾意的甜蜜，也不愿回首当年的辉煌。

在这里，她可以感受春日的生机盎然，也可以享受夏日的热情绚烂，执笔一挥便是秋风飒爽，与爱人相拥便不再畏惧冬日严寒。这一切恰如李清照所言："虽处忧患困穷，而志不屈。"钻研金石学使得他们夫妻二人时刻朝着同一个目标前行，在日月如梭的时光中挽手漫步。

李清照仿佛找回了童年时的赤子之心，虽然生活的贫困使她不得不设法谋生，但这种纯粹的生活却让她感到无比惬意。那一年，她在钻研金石学之余重拾诗词之美，用浓墨化开笔端，变成了一幅幅山水画。

对于李清照而言，能有闲情颂春非常难得，在她新婚宴尔之时，赵明诚忙于学业，勤于公务，浮名的拖累让彼此都无法感受时光的悠闲。而现在，春可喜可悲，秋可叹可颂，夜可眠，日可作，挽君手品花鸟，伴君侧研金石，一切都是那么美好。

在平凡而自在的日子里，李清照感觉此前种种都不过是为如今的生活而铺垫。在青州，她依然过着"赌书泼茶"的有趣的生活，依然可摘得夏花插于鬓间"徒要教郎比并看"，并且有她最喜欢的花草鱼虫，可作画赋诗……

浣溪沙

小院闲窗春已深，重帘未卷影沉沉。倚楼无语理瑶琴。

远岫出云催薄暮，细风吹雨弄轻阴。梨花欲谢恐难禁。

独坐小院中，享受闲暇的时光，今年的春天比往年更加漫长，仿佛是为了庆祝夫妻团聚而逗留一般。

阳光如此耀眼，唯有把厚重的门帘放下，那暗影昏沉的幽静方才适合抚琴弹奏。也许这样的生活过于孤寂，不过谁在乎呢？夫君此时正在身旁，哪怕倚楼无言也是最好的时光。

时光流逝，快要进入黄昏时，看远处山峰上薄雾缭绕，太阳不知何时已经被浓云所掩盖。春风化雨滋润万物，想来院子里的梨花开了一春，此时已逐渐凋零，春天的脚步渐行渐远，让人不由自主地开始怀念春天的美好。

在青州的日子对于他们而言是清苦的，没有朝廷俸禄的赵明诚虽然沉迷于金石学，但严重缺乏收入来源，李清照更是将所有值钱的首饰都典押换钱。

李清照在《金石录·后序》中对青州十年的美好生活有所描绘：

"每获一书，即同共校勘，整集签题。得书画彝鼎，亦摩玩舒卷，指摘疵病，夜尽一烛为率。故能纸札精致，字画完整，冠诸收书家。"

由此可见，夫妻二人偶尔会回到汴京，但他们的心境已不同于往日，他们无心政事，屡屡回京不过是为了大相国寺旁的古玩文物。那熙熙攘攘的街道以及随处可见的文物让夫妻二人流连忘返。兴致来时，李清照更是换上男装游玩，权当回味赵明诚尚在太学府求学时的锦瑟往事。

偶尔得见路边买花郎时，李清照也会想起当年的趣事，却不会前往光顾。毕竟二人此时清贫得很，为了生计不得不忙忙碌碌，自然也没有余钱买花作乐。在他们眼中，唯有满地的文物书画值得以那得之不易的钱财换取，别看他们身上的银两不多，但偶有所得时便乐不可支。

因此，夫妻二人每每回到家中，便在那名家笔墨及古玩文物中细品个中意蕴。这种心有灵犀的夫妻生活对他们而言可谓最理想的生活方式。偶尔寻得一宝时，便迫不及待地欣赏，并分享各自的见解。

他们像是生活的探索者，在平凡的生活中寻得散落在人间的点点火花。也许是因为有了这段时期，才使这份美好永远烙印在心，不管日后的生活多么艰苦，日子多么难熬，在心底深处他们依然相信着美好的未来。在青州这十年所经历的点点滴滴，日后都成了二人心中难以磨灭的美梦。

生活便是这样，起起伏伏、跌跌撞撞，虽然仕途失意，他们却获得了难得的悠闲生活。如果说汴京是他们梦想腾飞的地方，那么青州便是他们撞遍南墙后的避风港。

郎相伴，妾相随，在郎情妾意中，谁又在乎窗外的凄风苦雨，过去的苦难在平淡的生活中被抛诸脑后，青州这片看似荒芜的黄土地，早已成了他们的乐土。

半生心血"归来堂"

古往今来，多少千古名篇流传于世，那些或唯美或激进的诗篇恍如巍巍华夏千百年来沉淀至今的瑰宝。那些隽永的诗篇在繁华美梦中，在代代相传的时光里焕发着历久弥新的光芒。

这些千古名篇恍如光芒一般，一直激励、引导着我们前行，这是华夏民族精神多年来不可磨灭的根源所在。其中，宋词作为中华文化史上难以忽视的存在，有其独特的美感与历史价值。

看吧，身为宋词的代表者之一，这位千古才女正在陋居中品味古籍中的细腻悠长。在她身边总是有随处可见且散落一地的书籍，与寻常的闺秀女子相比，实属不拘小节了一点。李清照是豪爽而真挚的，当寻常女子守在闺中时，她却喜欢投身自然，以她独特而敏感的触角去感受生活中的点点滴滴，无论是欢喜还是哀怨，经过她的笔端便是一首首传颂千古的名篇。

李清照嗜书，随手拿来便沉浸其中，不闻窗外事。赵明诚归来时总为房中乱象所惊诧。跟李清照相反，赵明诚对书籍古物珍爱有加，每每读完均放置整齐，当购来的书卷被不经意磨损时，赵明诚都痛心不已。

也许这便是李清照与赵明诚的不同之处。我们总是能从生活的细节中看到一个人的性格与特点，想来李清照并非不爱古籍，亦非不珍爱家财，恰是因为太过喜好，以至于时刻不能离手，每每心有触及时便从古籍中寻得那淌过千万年的潺潺碧水，那飞过时间的青鸟鸿雁。

赵明诚对待古籍的方式未免过于拘谨，仿佛毕生只为了搜集而活。他与李清照相比少了一份洒脱，在日复一日的搜集中养成了为古籍"服务"的性格，看上去更像是古籍的守护者，而李清照则如同是古籍的使用者。

由于赵明诚过于在意书籍的摆放，因此李清照趁着闲余时间开始整理屋里的书籍，并且将她爱不释手的书卷放置在显眼的位置。后来，她直接对书册进行编号，一个小型书库就此诞生。看李清照悉心整理书籍，赵明诚便前往市集购来木材，夫妻二人动手做了一个高大的书橱……

赵明诚原本打算到城里雇一木匠，为这些千古名篇造一个摇篮，奈何木匠价格太贵，只能从集市中买来木材，自己动手制作。看着熟读诗书的赵明诚如今正为了一个小小书橱而汗流浃背，一股暖暖的幸福感从李清照的心中传来。

是啊，她不需要一个指点江山的丈夫，也不需要一个大富大贵的家庭，她一生所求的不过是一份真实的幸福：一砖一瓦建成的房子，一书一画搭建的美景，一刀一斧完成的书柜……一切都让李清照感到踏实，仿佛这段平凡的幸福再也不会失去，就这样一直到时光的尽头。

在夫妻二人的合力下，一间朴素的书房就此诞生。这里没有御书房的豪华装潢，也没有民间书屋的多面杂陈，这里的每一册书都是夫妻二人同心协力从文物街中淘来的，蕴含着夫妻二人对生活的热爱和向往。当李清照把最后一册书放进书橱里后，看着满墙的藏书，她仿佛进入了那个让她无比向往的理想梦境。

经历了离别，饱尝了相思，如今一切都回到自己身边，于是她将这个书库取名"归来堂"。也许在她看来，此处便是他们夫妻二人避开繁华俗世的最好归宿。无论经历了怎样的凄风苦雨，家始终能让我们抛却一切苦恼，沉浸在这片温柔静谧的无忧净土中。

自从有了"归来堂"，李清照的生活日益充实起来。那高层书架的灰尘以及来不及编号的书籍消磨了她一天天的时光。如此忙碌的生活却让李清照更觉欣喜，毕竟在这里她正式拥有了自己的家，一个实实在在的家。

"归来堂"的落成让附近的书生纷纷寻得了净土，不少书生前来借阅书籍，其中有落第书生，也有心怀壮志的书香贵族，有的为了借阅一卷藏书，有的却只为与赵明诚夫妇谈天说地。

每每借出一册藏书时，李清照总是仔细检查书册上的污迹与损坏，避免借得他人次品，她的爱书之心赢得了青州乃至周边一众读书人的青睐。当赵明诚外出考察金石碑文的时候，李清照便独自留在"归来堂"，寻得心仪书卷，聊以度日。

"归来堂"建成后，李清照自号"易安居士"。想来，"易安""归来"不正是来自于陶渊明的《归去来兮辞》吗？陶渊明一身正气、坚守清节的品德对李清照的影响是极大的，她的诗句中常见对陶渊明的歌颂与赞誉。"倚南窗以寄傲，审容膝之易安"，说的不就是如今安于清苦、不屑世俗荣华的李清照吗？以陋室承载肆意洒脱，以清贫供养傲世清高，哪怕一生清贫，亦要活得心安理得。

自此往后一千年，"易安居士"的名号始终没有被时光掩埋，这个生于封建而高于封建的一介女流，用她的一生颠沛与一身才思照亮了往后的时光。至今，李清照的诗词依然是华夏千年宝库的精神财富之一。

"归来堂"的生活是静谧的，读书、喝茶、赏花、观月，是如此的幽雅和休闲，再加上夫妻二人对金石学的钻研热情，那段日子使他们感受到生活中最真挚的美好。读了无数金石学的藏书，赵明诚自也想要把前半生所学所得记录下来，因而便有了撰写《金石录》的想法。

对此，李清照无比支持，虽然赵明诚在文学方面的天赋远远不及李清照，但他在文物鉴赏以及金石钻研方面的贡献即使放眼整个宋朝亦寻不得几人。每当赵明诚深居简出开始记录金石字画的收藏与鉴赏心得时，李清照便在一旁辅助，或为他磨墨，或为他寻籍。

他们从来没有想过，这一册本是为了记录生活与想法的《金石录》，会成为华夏金石学上最全面亦是最专业的学科文献之一。在《金石录·后序》中，李清照对作品进行了一系列介绍：

"取上自三代，下迄五季，钟、鼎、甗、鬲、盘、匜、尊、敦之款识，丰碑大碣、显人晦士之事迹，凡见于金石刻者二千卷，皆是正讹谬，去取褒贬；上足以合圣人之道，下足以订史氏之失者皆载之，可谓多矣。"

可见，这本《金石录》所包含的内容上至夏商周三代，下至五代十国时期，烙印在青铜上的文字以及刻在石碑上的种种事迹均记录在册。其内容体系之庞大使《金石录》最终被整理了两千卷，经过校正与筛选后，所有的内容都符合当时社会的主流价值以及古代圣人的道德标准，对历代史官修订内容有极大的贡献。

如果说"归来堂"中的藏书均为李清照与赵明诚花了半生时间换来的话，那么这本《金石录》可谓是夫妻二人穷尽一生之力方才完成。也许，这就是他们的伟大之处，追求自己所爱的，珍惜自己所爱的，然后向世界反馈自己所爱的。

我想，这便是人生最好的活法。

听琴观雨复何求

暖阳普照，花鸟寻蝶，悠闲的风光总是如此宜人，惹得春日不舍归，冬日不忍临。"归来堂"让李清照夫妇过上了悠然自得的生活，随着"归来堂"的名气越来越大，周边不少学子纷纷前往拜访，大家谈天说地，互道梦想，想来亦是人间一大乐事。

前来拜访的学子越来越多，有人带来茶叶、小吃等与李清照夫妇一同品尝，看如画美景，品小吃香茗，就连李清照也没有想过，在这种平淡的日子里竟蕴含如此多的快乐。前来拜访的人中也有兜售古籍的文人墨客，但李清照一家本就清贫，遇有佳作时奈何身无分文，只得作罢。

相传有一天，李清照夫妇正在"归来堂"静修，家中来了一位风雅男子，一身白衫文质彬彬，倒有一副书生模样。李清照招呼来客就座，并沏得一壶香茗款待。

聊了几句，李清照得知这名儒雅清秀的男子此行之意在于兜售字画。据他所说，此乃家传名画，是出自唐代著名画家徐熙之手的《牡丹图》，艺术价值连城，若非家境贫困亦不愿出售。赵明诚拿过字画，鉴赏片刻便将其递与李清照。当李清照拿过字画看上一眼后，脸上平静的神情竟变得震惊。想来，饱读诗书的李清照万万没想到，世间仍有如此稀世珍宝，一直痴迷古玩字画的她不禁自喜，细细品阅了起来。

不知过了多久，李清照方才回过神来。若不是赵明诚偷偷提醒，恐怕李清照仍沉浸在画中无法自拔。

本来，爱文物如命的李清照想要把这幅字画买下来，奈何家中一贫如洗，加上男子也无比喜爱这幅字画，因而其所开的二十万天价让李清照夫妻望而却步。说来，在他开价之前，李清照甚至想过将家中仅剩的首饰当掉，奈何开价实在太高，只能作罢。

也许是看出了李清照的尴尬，这名男子主动许诺借她品鉴一晚，待到次日早上再取回，李清照万分感谢。待来客去后，李清照与赵明诚开始彻夜不眠地临摹画卷，在烛光下二人强忍疲惫，欲在天亮之前完成临摹本，再将原作交回。

次日，该名男子再次到来，那卷挂在墙上墨迹尚未干透的副本映入他的眼中，得知此乃李清照夫妇所临摹，他不禁感动不已。想来，这便是热爱古物之人的共鸣吧，为了让李清照留得此画，他决定以原本换取李清照的临摹本，将这幅画作赠给真正的爱画之人。

若不是那不可抑制的喜欢，岂能为临摹一幅字画而彻夜不眠。也许正是这种忘我的劲头让赵明诚与李清照有所成就，而这也是专注给他们带来的快乐。

说起李清照对文学的执着，不可不谈的是她的启蒙老师晁补之。晁补之在金乡闲居多年，重修了松菊堂，并以山水为乐，安度晚年。其间，晁补之与李格非多有联系，恰逢晁补之五十六岁寿辰之时，便邀了李府一家前去参加寿宴。李清照许久不见恩师，便与父亲同往祝寿。

时过境迁，李清照心中早已没有当年的伟大抱负，只希望与夫君相守，而晁补之却依旧意气风发，丝毫不见衰老，颇有大家风范。于是，李清照有感而发，写下这首《新荷叶》为恩师祝寿。

新荷叶

薄露初零，长宵共、永书分停。

绕水楼台，高耸万丈蓬瀛。

芝兰为寿，相辉映、簪笏盈庭。

花柔玉净，捧觞别有娉婷。

鹤瘦松青，精神与、秋月争明。

德行文章，素驰日下声名。

东山高蹈，虽卿相、不足为荣。

安石须起，要苏天下苍生。

这首词出自《词渊》，原词注明为宋代李易安所作。这篇极尽褒誉的寿词豪气干云，想必颇得晁补之欢心。寿宴定是设在秋分时节，不然怎么会有薄露洒落呢。李清照等人便是置身于这个高耸入云的亭台中，看着四周环水的美景，让人不禁误以为自己正身处蓬莱仙岛一般。

大家都捧着兰花与灵芝为寿星公祝寿，当中不乏达官贵人、名门望族，一时间亭台上热闹非凡。看着布衣与绸锦交相辉映，众人不分身份与地位。不多时，宴席开始了，侍女们端来美食佳肴，还有舞女立于亭台中央翩翩起舞，那如花一般的身姿引得来宾拍手叫好。

李清照自觉多日未见恩师，如今他体魄如白鹤一般清癯矍铄，如青松一般万年长青，真是让人无比欣喜。如晁补之一般品德高尚之人定能长命百岁，让更多的人因为他的品德而受益，他提携后辈的功劳如暖阳一般普照众生，可与日月一比高低。

回想多年来，晁补之笔耕不辍，其高深的学问在汴京城内可谓独领风骚，就连隐居东山的东晋名臣谢安也难比如今恩师在众人眼中的成就。但政局动荡，恩师是否考虑效仿谢安挺身出仕，拯救万民于水深火热之中呢？

宴席间，不知晁补之是否曾与李清照诉说其文学抱负，又或是由于李清照得见昔日恩师如今依旧以文会友，联想自己在文坛当中并无建树而心生愧疚。宴席结束后，李清照回到青州，开始着手撰写《词论》。

《词论》的前篇，李清照列举了无数唐代诗词以及五代十国的文化瑰宝，并一一加以注释评论。在李清照眼里，前朝不少文人墨客实属徒有虚名，而部分小有名气的民间作者却能创作出佳作。

在著作的前三部分，李清照多列举前朝诗词，而真正在文坛引起波澜的则要数《词论》的第四部分。她写出了宋朝的文化发展，讲述了宋词与前朝文化之间的区别：宋词多以配乐，因而无论在音律或辞藻上均比前朝有所精进，但真正的佳作却是屈指可数。

在这一部分，李清照列举了柳永、张先、晏殊、苏轼、黄庭坚、秦观等十六位名家加以评骘，提出了词要高雅、协律、铺叙、典重、尚故实、主情致的主要特征。她最后指出的"词别是一家"的理论对后代从文者产生了巨大的影响。

关于李清照对宋朝乃至前朝众多词坛老手的尖锐点评，在当时的文坛中引发了无数呼声，褒贬不一。有人认为小小女子竟对流芳佳句指手画脚，实在有损当代文人尊严；也有人被李清照尖锐的点评所吸引，认为文化的进步就是需要不一样的声音，为《词论》叫好。至于世人如何评定，想来李清照并不在意。

毕竟，早在花季之时，李清照便写下"骚人可煞无情思，何事当年不见收"的诗句抱怨屈原不懂桂花之美，如她一般豪爽直言之人又怎么会在意世人如何评判。不管《词论》在当时造成了什么反响，这部得以流传至今的著作是我国数千年文学史上一块不可忽视的里程碑。

在李清照之前的两千多年的华夏文化中，从来没有一人如李清照般依照自己的创作经验写出一部历代文学批评著作，这在我国文学批评史上开创了先例。《词论》中独树一帜的观点、条理更是宋朝为数不多且具有独立见解的宋词创作理论书籍，这也使李清照稳坐"花间第一流"的千古词人宝座。

在青州的十年间，李清照写下《词论》这部巨作，使她重新傲立于文坛。这个时候的她安逸无忧，每日与诗词做伴，花鸟相随，更有爱人同行，将生活的美好悉数收归囊中，享受一花一草一爱人所带来的静谧舒心。

然而，若是岁月一直如此静好，想来李清照亦难以胜任"婉约之宗"这一名号。像她这般女子，命运岂会容许她平淡一生？度过十年安逸岁月的李清照尚不得知，命运的陷阱正在她的脚下，而那些颠沛流离的生活即将闯入她的生命之中……

浮萍散聚不由人

古往今来，多少离别伤透故人心，当李商隐写下"此情可待成追忆，只是当时已惘然"时，心中是否沉沦追忆往昔而无法自拔；再如欧阳修一般高雅品德，亦难逃"人生自是有情痴，此恨不关风与月"的感叹；当秦观饮泪遥望故人，写下"两情若是久长时，又岂在朝朝暮暮"时，他难道不知最美好的爱情便是朝朝暮暮长相厮守吗？

为情无悔心相伴，青州十年自难忘，这段清苦却乐在其中的时光虽无比快乐，但也难敌匆匆流年。世事无常，平淡的快乐不会一直延续，正如李清照笔下所言："纵爱惜、不知从此，留得几多时？"

沉浸在清浅的时光中，李清照恍如置身于花海、沐浴在阳光之下，无比享受。然而，并不是所有人都如她一般知足，比如赵明诚的母亲郭氏，她一直对丈夫赵挺之的遭遇耿耿于怀，更是对清贫的生活感到无比不满。直到宋政和元年（1111 年），郭氏终于等到了翻身的机会，她再次打破了李清照眼中平静无忧的生活。

因对赵挺之一家不满，宰相蔡京之前便打压赵挺之，罢免了朝廷追赠赵挺之的封号，把他降为"观文殿大学士"。如今，他企图再次诬陷赵挺之一家，背着宋徽宗剥夺了已故多年的赵挺之的封号。

或许是李清照的《词论》在文坛荡起了涟漪，或许是"归来堂"的名气传遍京都，又或许是蔡京在十年后依然念念不忘当年赵挺之对他的威胁，因此，赵家在文坛声名鹊起引起了蔡京的忌惮。他决意再次打压赵府一门，把赵挺之生前对朝廷的贡献一一抹杀。

此事在朝野并没有引起过大的反响，毕竟谁也不愿为了一个已故之人而得罪蔡京，这也是蔡京胆敢私自打压赵家的原因之一。但蔡京低估了郭氏对赵挺之的情意。这位在历史上默默无闻的弱女子得知丈夫去世后依然被奸臣小人再三羞辱，不禁怒火中烧，于是她连夜写奏折，冒死向宋徽宗进谏。

此时正值春末五月，郭氏冒着必死的决心向宋徽宗上奏，奏折中讲述了丈夫赵挺之所受冤屈和赵家一门惨被抄家的经过。恰巧，平日昏庸无度的宋徽宗此日竟碰巧阅读了郭氏的奏折，并且被郭氏的精神所感动。于是宋徽宗下诏恢复赵挺之"司徒"的称号，对蔡京私下打压异己的做法进行了谴责。

由于赵挺之恢复了名誉，因而赵家三兄弟也得以官复原职。赵明诚被朝廷委派至莱州任命州事，即日起上任。当汴京信使将宋徽宗的诏令交给赵明诚时，赵家上下欢腾起来，十年委屈一朝散。唯独李清照在得知爱人要离开自己时，突如其来的一阵绞痛使她面色苍白，站立不稳。

可是，偌大的客厅里，谁又能知晓李清照心中那依依不舍的呐喊，谁又能看到那一滴滑过香腮的清泪。平淡而简单的生活走到了尽头，十年无忧岁月，一朝重进风雨。此时的李清照可谓百感交集，她不禁为夫君得以出仕而高兴，可想到日后又要过上聚少离多的夫妻生活时，心中难免一阵伤感。

那天晚上，她与赵明诚相顾无言，夫君眼中尽是冲劲与兴奋，想来沉寂十年，如今沉冤得雪，不枉父亲赵挺之的一心栽培。赵明诚想必没有看到李清照眼眶中的热泪，也没有听到她心中不舍的呼唤。

想来，如李清照一般豪爽忠贞的女子本可随赵明诚一同前往莱州赴任，既然可同度清贫，那么随夫奔忙亦不在话下。但她最终未能如愿，不知是赵明诚不愿让她受累还是有别的原因。

她永远记得那时的赵明诚是那样意气风发，十年来的沉淀与惬意在功名面前仿佛变得不值一提。我们不能断定此时的赵明诚是经历了十年清贫后对功名有着强烈的渴望，还是他在这十年里懂得了把家庭扛在肩上，也许李清照也分不清这究竟是压抑已久的爆发还是迫于无奈的妥协。

赵明诚告诉爱妻说等他打点好一切，便会回来接她。但李清照并不愿意与爱人离别一分一秒。那百爪挠心的相思折磨岂是颠沛流离之苦所能及？

想到日后自己要独守青州旧居，即使繁花盛开、百鸟争鸣，但没有让人魂牵梦萦的相伴，也没有爱人的欢笑，一切美好又有何用？若情郎在旁，哪怕荒芜黄土亦是锦上添花；若独身守候，百花争艳也只徒增思愁。

青玉案

一年春事都来几，早过了，三之二。

绿暗红嫣浑可事。绿杨庭院，暖风帘幕，有个人憔悴。

买花载酒长安市，争似家山见桃李。

不枉东风吹客泪。相思难表，梦魂无据，唯有归来是。

这首《青玉案》乃李清照写于青州期间（一说为欧阳修所写）。当时正值五月，夏日的酷爽仿佛已经悄悄来临，春天在不知不觉间过去了三分之二，嫩草也不如初春时羞涩，而是深绿一片，花儿在春风中肆意绽放。

看，庭院中绿柳飘絮，春风吹得帘幕轻摆。在这个好时节中，屋内人却显得憔悴不安。想起情郎即将远去，重新出仕的他也许会过上衣食无忧的日子，"朱门虽贵不如贫，野花啼鸟一样春"①，难道乐于山野、逍遥自在的生活不比繁华富贵的生活更加快乐吗？

罢了罢了，想来赵明诚此时去意已决，哪怕他万分不愿离开这片乐土，他始终还是肩负着赵家的期望。作为他的妻子，李清照只能把相思之情放于心中，把点滴美好藏于梦中，待到情郎归来再重拾旧时欢。

临别前的那晚，李清照看着熟睡的情郎，想起曾经共枕过的每一个夜晚，说过的每一句话，那睡意便被回忆侵蚀一空。她走到庭院里，天上皎月正散发着柔和的白光，仿佛在告诉李清照，夜正浓时，不必担忧朝阳升起。然而，那夜的清静于李清照又有何用？赵明诚出仕已成定论，李清照那小小的不舍与举家的欢腾欣喜相比是如何的微不足道。

李清照已三十有余，从年少时的懵懂到热恋时的相思，从历经风浪后的从容到双宿双栖的悠闲，从夫唱妇随的惬意到依依不舍的离别……这一路的跌宕起伏，磨平了心志亦苍老了容颜，可李清照

---

① 节选于陈抟《归隐》

依然坚守着这段历经艰辛的爱情，守护着自己的初心。

　　说到底这不过是一场黄粱梦，梦里有举案齐眉的踏实，有相濡以沫的陪伴，有共剪西窗烛的美好，亦有倚栏赏花夜的不舍……梦醒以后，梦中的愉悦只能化作回忆，唯有丝丝留恋惹人垂泪。正是：青州十年一朝散，大梦惊来独怅然。

征鸿过尽，万千心事难寄

夜阑静，繁花浅睡，月明星稀，蛙鸣阵阵惹人愁。不多时，天边泛起了一丝鱼肚白，雄鸡啼晓飞鸟出，远远望去，是一幅天地初开的美景。李清照坐在庭院中，一夜无眠的她并不觉得疲倦，反倒是希望黑夜能够再漫长一些，哪怕没有繁花争艳，没有书香做伴，只要屋中夫君仍在，一切都是那么美好。

再过几个时辰，迎接赵明诚上任的船就要来了，到那时必定欢腾一片，唯独自己在一隅暗中垂泪。奈何人生匆匆逃不过功名利禄，穷尽一生又求得多少安居舒心时。

时光不会为了谁而停留，冥冥之中命运早已做好了安排。那来自彼岸的小船渐渐靠近，此时的赵明诚已换好了洁净如新的衣服，正值壮年的他看上去意气风发。隐居青州十年，他并没有遭受太多的磨难，举手投足间尚见少年心气。

离别之时，赵明诚无暇与李清照互道珍重，在亲人的簇拥下他接过了使者带来的官服，向家人道别后便转身离去。也许是他迫不及待地想要登上这艘通往仕途巅峰的小船，也许是他急于证明自己的能力……

直到送行的人群散去，李清照依旧留在海边，望着赵明诚远去的方向，默默伫立。本以为平静的心如今却传来丝丝绞痛，是思念还是担忧？也许连李清照自己也不清楚。但是她知道，这种痛将会一直伴随在日后的生活中，直到夫妻相见方才得以消散。

离去后，李清照闺房中的帘幕再也没有拉上过，因为这样她才能时刻看到海的另一边，她盼望会突然出现那个熟悉的身影。于是，在满怀心事之时创作了这首《念奴娇》。

念奴娇

萧条庭院，又斜风细雨，重门须闭。宠柳娇花寒食近，种种恼人天气。险韵诗成，扶头酒醒，别是闲滋味。征鸿过尽，万千心事难寄。

楼上几日春寒，帘垂四面，玉阑干慵倚。被冷香消新梦觉，不许愁人不起。清露晨流，新桐初引，多少游春意。日高烟敛，更看今日晴未。

斜风细雨袭来，曾经载满欢乐的庭院在风雨的摧残下变得萧条冷落。"归来堂"不再如往常热闹，重重的大门深锁着曾经的点滴美好……

寒食节将至，那春日的暖阳还没有散退，百花依旧鲜艳，嫩柳渐渐生长，开始随风飘摇。一切都是如此美好，唯独缺了那个熟悉的身影，这美好也只属枉然。

在李清照眼中，无论是艳阳高照还是凄风苦雨，只要是一觉醒来便无比烦忧，唯有杜康能让心绪平静片刻。时而心潮泛滥想要拾笔挥毫，借文字抒发心中离愁，推敲险仄的韵律写成诗篇，却无人赞誉。闲散的时光如此漫长，这种滋味如何消散，看鸿雁南巡悉数远飞，不知心中的千言万语，是否能托飞鸟寄往心上人处……

虽然已是五月天，但春寒还没有完全退去，每日慵懒地倚在栏杆上，一天的光阴便是如此度过。不知道还有多少日夜，方能等到夫君归来。

偶尔一觉醒来，夜依然深邃如初。香炉中的檀香悉数烧尽，没有枕边人相伴，整个房间在春寒中更觉清冷。从短梦中醒来，愁绪袭上心头，李清照已无法安眠，只能遥望苍穹等待着夜幕的消散。

看，又是一天好光景，清晨的露水沾满了红花绿叶，新长的梧桐叶焕发了一天的生机。李清照趴在窗台上，待到日上三竿时依然一动不动，旁人看来恐怕以为这名女子在观赏暖阳下的春意，可有谁知道她的心事，看似赏花实则思人。此时内心的煎熬该与何人诉说呢？

不经意间春去秋来，半年的光阴并没有驱散李清照心中的愁思与担忧，李清照一直守候在这片曾经的乐土之中，以回味昔日点滴度日。奈何在这半年内，李清照没有收到过赵明诚寄来的一书半字，而她给赵明诚寄去的片片情思恍如泥牛入海，毫无回响。

偶尔思念浓时，李清照便行至海边，握着自己上山求得的那枚玉观音，心中默默祈祷。本来，这枚玉观音是李清照为赵明诚所求，然而在赵明诚赴任当日她寻遍屋中却不得，等她后来找到时，夫君已经离开了青州。

李清照每每思念时便把玉观音握在手中，将感情与思念寄托于此。

转眼到了七夕节，青州的大街小巷开始热闹起来，平日人烟稀少的长街上变得熙熙攘攘，众多的商贩游走在大街小巷。天上的牛郎织女尚能于今夜相聚，而人间的有情人却两地分离。李清照将浓重的愁绪付诸笔端，造就了这篇缠绵凄恻的词作。

行香子

草际鸣蛩，惊落梧桐。正人间、天上愁浓。云阶月地，关锁千重。纵浮槎来，浮槎去，不相逢。

星桥鹊驾，经年才见，想离情、别恨难穷。牵牛织女，莫是离中？甚霎儿晴，霎儿雨，霎儿风。

不经意间，蟋蟀开始在草丛中凄鸣，叫声哀怨动人，就连梧桐树上的叶子亦被那声声凄怨所惊落，落叶声划破了静谧的夜，使人心中顿觉悲凉。想来自古文人都悲秋，今晚对于李清照而言又是无眠之夜，此时的她坐在窗前，望着天上繁星闪烁，才想起今天是七夕佳节，是牛郎织女相聚的日子。

此时天上愁云笼罩，想来定是牛郎织女心中哀怨至深，以致今夜密云漫漫。李清照心想，牛郎织女今夜难得一见，倾诉一年离别之苦，但今夜过后便又要分别一年，世间最痛心的事莫过于此。

人间的离愁别情让人烦忧不已，就连天上的神仙也无法逃脱别离之苦，试问天底下有谁能真正把握自己的命运呢？尤其是在这个政局动荡的封建王朝中，作为一个女子只能随波逐流。

突然，一阵寒风吹来，点点细雨化作微风飘入屋里，李清照关上门窗，苦笑连连。这个时节的晴雨天就像时代变幻一样飘忽不定。"甚霎儿晴，霎儿雨，霎儿风"的未来让人忐忑难安，曾经以为早成定局的幸福，如今却因一纸诏书而悉数尽毁，可自己又能如何呢？

唯有将那小小的不甘与哀怨飘浮在夜雨之中，等待着天空放晴的那一刻吧。

一个人的力量是如此渺小，就连夫君如今的情况也无法明了。也许赵明诚正在外面的大千世界中流连忘返，也许他在忙碌的公务中抽身乏术，也许他早已忘了在青州还有她这么一个痴情女子在苦苦等候……

万水千山，千言万语

伊人盼花花盼春，独醉凡尘为谁浓，未见春风绿繁枝，顾影自怜映落红。年年月月虽相同，不同的只有人的心境。若花开枝头但心不安，纵是人间美景亦是徒劳。

自从赵明诚离别以后，倚窗望海便成了李清照的日常。偶尔听得细雨滴答，心中愁思便如层层浓云薄雾般泛滥。不经意间，春日换了容颜，秋风历尽了沧桑，唯独那颗思念的心依旧不变。

如果说离别是锥心的痛，那么等待便是无止境的折磨与鞭挞。在这个时代，仿佛女子生来便是为了苦候情郎，她们的一生就像是河流上的小舟，偶尔在驿站停泊，更多的是无尽的寻觅与期盼。

有人说，李清照的一生是宋朝女子的缩影，其实不尽然。对于她而言，相思与离别充斥了大半生。然而值得庆幸的是，生命中有一个人值得她一直等待，虽然经历了无数苦难，但依然成为一段佳话。

青州十年如梦消散，在寻常的日子里，她一个人望海，一个人赏花,一个人徘徊,一个人抚琴……她的生活本是如此多娇,如今却因为一个人的缺席而变得郁郁寡欢。

很早之前,李清照便感觉到她与夫君之间的关系渐渐变淡了,曾经的浓情蜜意如今因相隔两地而变得"苟延残喘"。

有人说,这首《凤凰台上忆吹箫》是李清照婚姻的转折点。此前,李清照虽历经相思,也曾与丈夫分离,但那时的赵明诚始终是待她如一的良人;而重新出仕后,赵明诚在光怪陆离的世界里渐渐改变了,这种变化在词中得以窥见一二。

凤凰台上忆吹箫

香冷金猊,被翻红浪,起来慵自梳头。任宝奁尘满,日上帘钩。

生怕闲愁暗恨,多少事、欲说还休。新来瘦,非干病酒,不是悲秋。

休休。这回去也,千万遍阳关,也则难留。念武陵人远,烟锁秦楼。

唯有楼前流水,应念我、终日凝眸。凝眸处,从今又添,一段新愁。

这首《凤凰台上忆吹箫》是在宋朝被传颂得较多的作品,字里行间无不散发着对昔日的追忆与怀念。而这首词的背后还有一则古老的传说。

相传在春秋战国时期,有一位名叫萧史的年轻人非常擅于吹箫,且能吹出鸾凤之鸣,史书记载此人"风神超迈"。但出身布衣的他由于一直没有机会展示才华而被埋没于茫茫人海中。

当时秦国国君秦穆公有一个女儿叫弄玉,十分喜欢吹箫,一次偶然的机会，弄玉听到了萧史的箫声，便对他无比倾慕。于是通过秦穆公的关系找到了萧史，并且下嫁给他。

婚后，萧史把自己惊为天人的吹箫技巧教给弄玉。十多年后，他们的合奏愈发娴熟，甚至连真正的凤凰都被箫声吸引而来。

萧史夫妇不问世事终日与箫声为伴。终于，在某一个夜晚，二人羽化登仙，萧史乘龙、弄玉乘凤往天边飞去。为了怀念这对神仙眷侣，后世文人将这段美丽的传说谱成了乐章，"凤凰台上忆吹箫"的词牌名因此而生。

也许，她对这个听起来不那么真实的传说无比向往，但现实的种种不公与无奈，让她笔下的诗句变得如此悲凉。

很多时候，彻夜难眠的李清照总是借酒入睡，待到一觉醒来已是日上三竿。那狮子造型的铜炉里，檀香已经冷透，床上红色的棉被如波浪一般堆着，残酒中醒来的李清照看着清冷的房间，想着自己反正孤身一人，便懒得梳头上妆。

说来，那曾经视若珍宝的梳妆台如今已被丢弃在角落，任由灰尘将它尘封。那帘钩偶尔还在太阳的照射下焕发着亮光，好似当年"云鬟香腮"的时光偶尔在脑海中浮现一般。

随他吧，都已经将近不惑之年的人了，这台梳妆镜也失去了它的作用了吧。时间苍老了红颜，也让李清照的心历尽了沧桑。此时的李清照正如辛弃疾词中所写："如今识尽愁滋味，却道天凉好个秋。"

很多时候，把话藏在心中并不是来不及说，而是知道说了也无法改变现实，还不如让那些浓情蜜意烂在心底。李清照很清楚，对于经历了父亲被诬蔑而离世、蒙冤入狱以及十年清贫生活的赵明诚而言，仕途是极其重要的一件事。

这段时间，李清照发现自己消瘦了不少，想来并不是喝酒过量而伤身，也不是秋日带来的悲凉所致，而是心中的相思带来的结果吧。

罢了，就让这离别伴随余生。多少年来，无论弹过多少次《阳关三叠》，念过多少遍"西出阳关无故人"，可该离去的依然离去，任谁花尽力气也无法挽留。青州十年自难忘，但决意离去的便再也不曾回头看一眼曾经的桃源仙境，唯独自己看着楼前流水而泪流不止。

想着想着，李清照的眼中有一滴清泪滑落，不知道从什么时候开始她习惯了流泪，也许是当相思与哀愁成为生活的主旋律时，流泪也成为常态。看吧，窗外的大海如此辽阔，哪怕流尽一生的泪水也难以与眼前的大海相比。

在生活面前，个人是如此渺小。如果赵明诚需要的是一份关爱，一丝挂念，那么李清照能够倾己所有，但如果他所希冀的是大千世界的光怪陆离，李清照便无法将他挽留，只能望着情郎的背影，含着相思的泪水，在日复一日的担忧与挂念中度过余生。

如果一直等待的话，恐怕李清照与赵明诚的爱情将会无疾而终，但命运为这段爱情准备了更加完美的结局。因此在十多年后，独守多年的李清照最终做了一个决定，让这段即将入土的爱情重新燃烧。

有爱天涯无觉远

千古红尘，聚散常有，向来情深，奈何缘浅。没有人喜欢别离，正如没有人甘愿尝试红尘中的苦涩，只是古往今来，多少凡尘事不随人愿。

爱则聚，淡则离，如此简单的道理，可有多少人能做到潇洒转身，不留遗憾？最怕是一人转身离去，另一人却痴迷不悔，所以才有那么多百转千回的悲情故事。

经过数年的等待与期盼，李清照在相思的折磨下日渐消瘦。这位执着的女子早在十余年前陷入爱情的泥潭后便一直无法自拔，毕竟当初立下山盟海誓，若是不见情郎归，这段情又怎么能够算是完整的呢？

终于，在宋宣和三年（1121年），李清照在秋叶微风的见证下结束了这场为期多年的等待。她明白，多年来的等待早已让这段青葱情浓变得淡然，而对未来究竟是该逃避还是面对，她始终犹豫不决，但此时的她终于下定了决心。

她不愿一直消极下去，哪怕世俗不允，哪怕受尽冷眼，就算寻来的结果是肝肠寸断也无所谓。毕竟如她一般真挚直爽的人，在自己的幸福面前，必须有所作为，而不是在红颜老去的时光里空悲叹。

因此，她下定主意孤身一人前往莱州，寻找赵明诚。在没有征得夫君同意的情况下，李清照结束了独守空房的日子。在她看来，与其被汹涌的相思淹没，还不如主动去寻求那一去不返的承诺。

临行之日，李清照在青州的邻居与好友纷纷前来送行。许多邻居将家中的食物与衣物赠予李清照，毕竟此去莱州少说也有三百多里路，而李清照如此着急上路，定是没有准备妥当，众人便纷纷慷慨解囊。

李清照被友人们簇拥其中，互道珍重，说到动情处更有人泪湿衣襟。为了多说一阵，友人们借来了骏马，将李清照送至城门，方才依依惜别。

秋日的夕阳格外红艳，挥别众人后，李清照踏上了前往莱州的旅途。沿途的风景与青州相比更加荒芜，一旁稀疏泛黄的杂草与干裂的黄土地便是眼前能看到的所有风景。荒芜与残阳相映，一人一马，走在羊肠小道上，李清照的内心不免一阵悲凉。

眼看夜幕降临，李清照在附近寻得一户驿站休憩。此行路途遥远，李清照一介女流，独自出行难免有所顾虑，幸得好友们在出行前给她攒了一点盘缠，足够她前往莱州。

过了片刻，窗外传来了滴滴答答的声音，想来是雨滴打在草木上发出的声响。李清照走到门前，只见雨越下越大，呼啸的狂风吹得树木呼呼作响。门外一片昏暗，仅有驿站门前的一盏灯火在风雨中摇曳，那左右摇摆的灯火忽明忽暗，看上去如李清照一般无助。

前路茫茫，此行结果如何李清照尚不得知，幸而此时的她依然沉浸在方才送别的友情中，无暇顾及日后。想着想着，她干脆拿起笔，将送别之感挥毫纸上。

蝶恋花·昌乐馆寄姊妹

泪湿罗衣脂粉满。四叠阳关，唱到千千遍。人道山长水又断，萧萧微雨闻孤馆。

惜别伤离方寸乱，忘了临行，酒盏深和浅。好把音书凭过雁，东莱不似蓬莱远。

那一幕离别的情景在李清照的心中挥之不去，曾经笑语盈盈的姐妹们为了自己的离别而泪湿衣衫。临行前与姐妹们唱了一遍又一遍《阳关曲》后，天色渐入黄昏，虽不舍但也必须开始赶路了。

如今，早已离开了青州地界，目之所及不见人烟，显得十分凄清。偶尔，李清照会抬头遥望青州的方向，多少年来，互相已经建立起深厚的姐妹情谊，此行离别不知何日才能相见。

还记得临别前大家相聚一堂，把酒言欢，只可惜那时离情别绪扰乱心间，任李清照竭力回想，都不记得那杯中滋味。只能来日相逢时，大家再开怀畅饮，共聚欢腾。

幸运的是，李清照并没有忘记嘱咐姐妹们将音讯托大雁传来，毕竟莱州虽远，但也不似蓬莱仙岛一般遥不可及。

写罢这篇《蝶恋花》，李清照让驿站的人帮忙将此书寄回青州，以慰众姐妹的思念之情。待到天亮时，李清照继续赶路，沿途的风土人情随着她的前行而逐渐变得有趣起来。多少年来，李清照一直简居青州，早已脱离了繁华的大千世界，如今的她重新回到熙熙攘攘的外界，心中更是五味杂陈。

李清照已不再沉沦于那些绵长的情感之中，虽然走在陌生的街头，孤苦与伶仃始终为伴，但是每当李清照想起即将能与夫君久别重逢时，便不由自主地加快脚步，朝着目的地策马奔去。

不难想象，一个清贫女子孤身走过大大小小的城市需要经历多少困难。也许，途中偶尔盘缠紧缺时，不得不暂居于某个不属于她的地方；或是在月黑风高的夜中，在四处无人的荒野上独步漫行，其中辛酸旁人不得而知。

有时候，我们总觉得终点太遥远，但当我们踏出第一步时便发现，原来只要坚持前行，再漫长的旅途都有结束的一天。宋宣和三年（1121 年）八月十日，李清照终于到达莱州。当她来到城门下，看到城门玉碑上写着"东莱州"时，心中难免一阵悸动……走遍漫漫长路，如今终于来到这个日思夜想的城池，李清照心中所有的委屈与无奈都在刹那间化为乌有。

这里比青州繁华百倍，人来人往的街道与鳞次栉比的房屋让她顿觉开朗。也许它无法与汴京的庄严相比，但从人们脸上的笑容来看，这里的人都过着安居乐业的生活。

看着眼前的繁荣景象，李清照不禁为夫君的管理感到些许自豪。看着熙熙攘攘的街道，她猜想，也许这里也曾如青州一般贫穷，若不是夫君的治理恐怕也没有如今的兴旺景象吧。在胡思乱想间，李清照的脸上浮现了久违的微笑。然而，她无暇顾及眼前的繁荣，因为，有一个人始终在等待着她的出现。

想到此处，李清照便拉着马消失在人海之中……

夫妻重逢时，欲说还休

在世人看来，久别重逢皆喜庆，然而，我们心心念念的结果有时却让人失望至极。当心底沉淀已久的期望与现实大相径庭时，才发现一切都不过是自己的一厢情愿。现实没有诗歌般美好，它并不会因为某个人的期盼而改变，仿佛心中繁花满枝头，到头来却看到落花飘零，心中难免万分感伤。

虽然李清照与赵明诚早已过了热恋时期，李清照也不曾期盼夫君在见到自己时会有多么惊讶与兴奋，毕竟小别胜新婚的时光已经过去了，如今维系夫妻关系的不再是当年的情意浓，而是彼此间充满默契的相濡以沫。然而，李清照却没有想到，这次见面居然连重聚的温馨也没有感受到。

有时，寻觅的过程是痛苦的，等待的过程是漫长的，而支撑我们坚持寻觅与等待的正是幻想的美好。当幻想破灭，现实的残酷让人倍觉心寒。

多少年来，李清照忍受着生活的清贫与精神的空虚，但只要回味曾经与夫君度过的时光便倍感欣慰。然而，当她带着一腔热情来到莱州并如愿见到夫君以后，那副沉默冷淡的面孔让她顿时如坠冰窖，心灰意冷。曾经觉得遥不可及的彼岸如今却让她萌生离去之意。

她清楚地知道，多年的分居使二人之间多了一层厚厚的隔膜。岁月变迁，她与赵明诚各自飘零，自己习惯了孤独与相思，而多年的官宦生活却使他融入大千世界中，享受着光怪陆离。数年的分别让彼此无间的夫妻硬生生地分离成两种不同的生活方式。

如今，一切都不必解释，那一抹冷漠已让李清照所有的美梦破碎，曾经朝思暮想的夫君已不是当年与自己同舟共济的有心人。

重聚之后，赵明诚每日忙于公务，似乎无暇打理琐碎事宜。由于长期奔走各处，赵明诚的住所变得凌乱不堪，就连梁头亦因长期无人居住而布满了蜘蛛丝，更不用说那些被灰尘所掩盖的桌椅与床席。

李清照见此，难免有点厌恶，她寻来工具清洁了地板与家具，风尘仆仆的她甚至还没来得及喝上一口水，那烦琐的家务活便接踵而来。当她把无比凌乱的房间收拾好以后，天色早已入夜，而夫君却迟迟未归。

李清照问了仆人，得知赵明诚多不在住所休憩，当问及赵明诚平日在何处住宿时，仆人们欲言又止，李清照只得作罢。闲坐家中，李清照看着那早已破旧的窗纱纸被风吹得晃荡着，沙沙作响的声音充斥着这个清冷的房间。李清照想要四处走走，但人生地不熟，想来自己跋涉多日来到此处，到头来还不如闲居青州时惬意。

李清照的心情定是无比寂寥与悲凉，本以为与夫君重遇便可重拾温馨的她，第一个夜晚竟是独守空房。其中心酸我们可以从《感怀》的序中窥见一二："宣和辛丑八月十日至莱，独坐一室，平生所见，皆不在目前。几上有《礼韵》，因信手开之，约以所开为韵作诗，偶得'子'字，因以为韵，作感怀诗。"

闲来无事的她想与诗书做伴，静待时光流逝，可此处哪有什么书籍。李清照在房间里仔细寻找了几遍，除了三五张纸被随处丢弃在角落外，整个房间基本是空空如也。最后，李清照在茶几上寻得一本《礼韵》，随意翻阅并寻得"子"字，便以此为韵赋诗一首。

感怀

寒窗败几无书史，公路可怜合至此。
青州从事孔方兄，终日纷纷喜生事。
作诗谢绝聊闭门，燕寝凝香有佳思。
静中吾乃得至交，乌有先生子虚子。

寒风透过破旧的窗纱吹进屋内，使空空如也的住所更显清冷，寻遍整个房子，仍没寻得平日伴随的诗书名画。自己为与夫君团聚而远道至此，到头来竟落得如此田地，自己在这段情感中早已一败涂地，就像当年袁术兵败、饥渴交迫时一样窘迫。

李清照望着漆黑的窗外，目光朝向青州。当年的静谧与安稳是如此难得，而今从青州离去的赵明诚每日为了钱财奔波，应酬与玩乐充斥了他的生活，终日纸醉金迷的他是否想过当年的惬意？夜夜笙歌的生活是否真的比与爱人共度良宵要快乐？

李清照想起青州的"归来堂"，那时是多么幸福，闭门作诗时的静谧与快乐岂是花红柳绿所能比？虽然这里别无他物，但在此静思不也是极佳的吗？何必为了大千世界的莺莺燕燕而忘却了初心呢？

在静谧的夜里沉思，脑海中或隐或现的人与物仿佛成了好友，陪伴着自己度过这个漫漫长夜，那么不妨为他们取名为"子虚"与

"乌有"吧……

漫漫长夜是如此难熬，李清照自然知道夜不归宿的赵明诚此时在何处留恋。自上任莱州以来，赵明诚在这个充满诱惑的世界中迷失了自我，在声色犬马的氛围下，他被卷入了招妻纳妾的风气之中。觥筹交错的温柔乡是如此绮丽柔情，把赵明诚上任后的寂寥填得满满当当。

难道只能责怪红颜易老吗？如今，将近四十的她不再明艳青春，岁月如梭、红颜易逝，这难道不是古今女子最大的无奈吗？

分别多年，自己竟成了丈夫身边最多余的人，李清照的心情岂是一句心寒能够表达。都说时间是一把利刃，它砍断了赵明诚对李清照的情思，也砍断了李清照对未来的念想。

当赵明诚的目光不再落在李清照身上的时候，沉默成了彼此之间唯一的默契。当李清照看到那名妾室从回廊中走过，并且对于年老色衰的自己不屑一顾时，眼前那窈窕的身姿是否也唤醒了她曾经的自信。

在当时纳妾成风的社会里，赵明诚的决定固然没错，或许错就错在李清照的爱过于无私，比如她的青春、她的灵魂。然而，无私的付出并不能完全获得一个人的心，她把所有的青春都献给了赵明诚，但得到的不过是一段美好却又哀怨的回忆。

无论如何，李清照已经如愿来到赵明诚的身边。在这段时间里她备受冷落，也许是长期独居的生活使她把这段感情想象得过于美好，也许是赵明诚在莱州的生活过于糜烂，个中缘由在历史的洪流中早已被掩盖，后人只能从李清照的诗词中窥见一二。

李清照一生曾写下无数诗词，或唯美，或烂漫，其中不缺情爱中的喜与悲。可以肯定的是，在莱州定居期间，李清照与赵明诚的感情出现了裂缝。二人久别重逢时，赵明诚竟不惜将李清照留在冷居中独守空房，多年来彼此不同的生活环境使他们之间出现了落差。

　　夫妻重逢，欲说还休，梦醒后的冲击让李清照曾经充满期待的心日渐暗淡，然而对于这名忠贞且痴情的女子而言，爱可以胜过一切困扰与别离。更何况，二十年来的同舟共济使她依然对这段感情抱有信心，她始终相信昔日那个青衫白扇的少年会在某个春日的清晨，穿过喧嚣与繁荣，漫步而归。

破镜重圆又逢君

我常常在想，人们所追逐的爱情是那芳心萌动的甜蜜还是地老天荒的相伴？世间有多少甜言蜜语不过是热情之下的冲动，那些所谓的山盟海誓，又有多少能白头偕老？

纵观当时宋朝的社会风气，且不论赵明诚这般寻常男子，便是苏轼、欧阳修等万世流芳的文人学士亦难免有三妻四妾。宋代吕居仁在《轩渠录》中记载，苏轼"养有歌舞伎数人"，而欧阳修更甚，其"育有歌伎八九姝"，可见当时纳妾寻欢的风气。

当李清照难忍寂寥从青州赶到莱州，赵明诚却以有别于青州的生活方式对待她，后人多认为此时赵明诚已有妾室随从。李清照在《金石录·后序》中记述赵明诚去世时的情景："八月十八日，遂不起，取笔作诗，绝笔而终，殊无分香卖履之意。"

句中"分香卖履"的典故出自曹操临别前所著《遗令》："余香可分与诸夫人，不命祭。诸舍中无所为，学作履组卖也。"意思是说，曹操临终前欲将家中的部分财产分给夫人与妾侍，并让她们取得财产后各自离去，自食其力。

而李清照借此典故记录赵明诚在临终之前，并没有如曹操一般将家中财产交予其他妾侍，可见赵明诚生前纳过妾。虽然在其他古籍及文献中并无提及赵明诚纳妾一事，但在李清照前往莱州初期，二人的感情的确出现了分歧。

无论怎样，赵明诚纳妾一事并非空穴来风。早在"元祐事件"发生时，赵明诚的父亲赵挺之便以李清照无子嗣为由让赵明诚另立妾室。但当时二人感情深厚且沉醉于金石学中，对纳妾一事并不上心，再加上赵明诚尚未从太学府学成归来，于是纳妾一事就此作罢。

经过一段时间的磨合后，李清照与赵明诚的关系渐渐重归于好。恰如李清照曾经认为的那样，她与赵明诚风雨同舟二十多年，彼此之间的默契、相知并非是那些貌美如花的小妾能够替代的。没有人比她更了解丈夫的心，而且在他们之间还有二十多年来对金石学的研究与事业，以及一同经营的对生活的格调。

酒肉之欢怎么能够抵得上精神的归宿，赵明诚的一生是幸运的，他仿佛生来便是为了在金石学中有一番作为，而在他的人生中亦有李清照与他共创金石事业。

在二十多年的生活中，二人相濡以沫、同甘共苦、共同钻研。他们有着不可磨灭的默契，尤其在诗文与学术中他们更是志同道合的搭档，如此深厚的情意岂是旁人能比？

在某个寻常的日子里，李清照一如既往地伴随赵明诚执行公务。完成公务后，李清照与赵明诚的同僚们一起闲聊。其间，当中一人突然说起在城南的山上有一座特别奇怪的碑，取名为"后魏郑羲碑"。二人听后不免倒吸一口冷气，要知道这位大名鼎鼎的中书令郑羲的确曾在莱州当过刺史，若是能寻得碑石定是金石学中的一大突破。

于是，夫妻二人回到家中，简单地收拾行李，便随着同僚前往南山。果不其然，在山腰处嵌有一块大石碑，在碑文末尾写着"上碑于正南二十里天柱山向阳处，此乃下碑"。赵明诚遂派同僚到城里取得马匹，与李清照二人前往天柱山，找到了上碑。后来，在赵明诚与李清照的努力下，成功将碑文拓印成字帖，做成珍贵的资料收录在《金石录》中。

这次同行让夫妻之间的感情变得浓厚起来。李清照随着夫君走南闯北搜集古籍，二人为完善《金石录》而努力。在莱州期间，虽然赵明诚经常被公务缠身，但能够再次共同生活便是李清照最大的愿望。如今的生活与在青州十年相比无甚出入，《金石录》的完善为二人关系的修复起着桥梁作用，而那间本是空空如也的房间也逐渐放置起各类书籍与画作。

自此以后，赵明诚夜不归宿的次数越来越少，在李清照的照顾下，回归了以前单调普通的生活。后来，赵明诚随李清照回了一趟青州，主要目的是为了金石学的发展。因李清照的姐妹来信告知，在青州某处耕地发现了十几件古物，其中包括数十枚古钟，均刻有文字。

得知此事，二人连夜前往青州，发现当地所出土的中鼎铭文上多有款识，且最多的竟有五百多字。就当时的考古学而言，五百多字的钟鼎铭文可谓闻所未闻，赵明诚与李清照立马将十多个古钟的铭文烙印在字帖上，并将其统统收录于《金石录》中。

对金石学的热爱让二人在短短的时间里重拾了旧日的温馨，感情日益浓厚。不久，二人便重新回到当初相知相爱、共读诗书的生活之中，李清照亦安心陪伴赵明诚留在莱州。

花落花再开，破镜亦重圆，对于二人来说，分居多年虽然让感情出现了裂缝，但他们也因此感受到对方的珍贵。其实爱情便是如此，从情窦初开到浓情蜜意，随着时间的推移，也许曾经的热烈与情浓都会逐渐淡然，可恰是如此，我们才能够在激情退去的日子里彼此磨合，彼此包容。

据说，在莱州居住的这段时间里，李清照与赵明诚不经意间得到一幅白居易的真迹，二人便把字画挂于墙上，伫立于前赞叹不已。那天晚上，李清照一如既往地为赵明诚煮茶点烛，直到两支蜡烛都已烧完，那壶上好的小龙团茶已煮得味如清水时，二人依然对着字画欣喜不已。也许，其他女子不会伴随夫君通宵赏玩名作，但文化素养高于夫君的李清照却发自内心地觉得欢喜。

正道是：不远千里把君寻，破镜重圆又逢君。然而，正当李清照与夫君重新过着恬淡的生活时，在百里之外的汴京却遭到了空前的灾难——宋朝因为金兵的侵袭而面临着灭顶之灾。这对经历了半生离合的夫妻即将面临人生中最大的考验与磨难。

第五章

国难当前铁蹄踏

滚滚红尘，多有乱世枭雄。那些名留千古的英雄好汉无一不在乱世中奋勇卫国，以其悲壮、隽永的事迹流芳百世。古语有言：谋事在人，成事在天。若天不眷恋，任有西楚霸王般力拔山河之势亦不甘苟活于世。

山河破碎乱世殇

滚滚红尘，多有乱世枭雄。莫道是乱世出英雄，英雄迎乱世，那些名留千古的英雄好汉无一不在乱世中奋勇卫国，以其悲壮、隽永的事迹流芳百世。

纵观历史，西汉霍去病、卫青等铁血名将便是古今中外广为流传的英雄。"匈奴未灭，何以家为"的豪情万丈依旧言犹在耳。

南北宋期间的岳飞、辛弃疾等人更是在后世广为流传，他们无一不在乱世中披荆斩棘，为国家鞠躬尽瘁。想来，华夏数千年多以战争贯穿，恰如罗贯中在《三国演义》中所写："合久必分，分久必合"，一部华夏史浓缩起来便是一部战争史。

多少人对昔日的民族英雄崇拜不已，更有无数热血青年愿梦回金戈铁马的时代，感受号角连营的激情。然而，又有多少人知道，在战争的背后，除千古英雄之外，更多的是平民百姓的牺牲与哀号。

当李清照在集市上看到一批批散兵游勇时，一股不安的情绪在她心头泛起，莱州如此太平，何以此时竟有身穿宋朝战服的散兵至此？这群披头散发且满身鲜血的士兵在集市里引起了一阵骚动，他们手持兵刃四处掠夺，将路边小摊的粮食占为己有，把两旁贩卖的商品悉数破坏。

突如其来的变故让李清照顿感不妙，她定居莱州已经好几个年头，这些年来她与赵明诚沉浸在以收藏金石文物为乐的二人世界里。

若问余生何处是，最是寻常小日子。很多时候，我们被沿途的诱惑所迷惑，为了功名利禄不惜枉费光阴，到最后才发现最真挚、美好的事物一直在自己身边。

赵明诚便是如此，早年热衷于金石学的他在父亲的影响下走上了仕途，在肩负家庭责任的情况下沉迷于名利之间。如今的赵明诚在纸醉金迷中走了一遭方才醒悟，原来最真挚、幸福的生活就在身边。

赵明诚在公务之余更喜欢与李清照一起赋诗写字，观天下美景，品历代名作。远离政治纷扰的他们为自己的梦想构筑了一个和谐幸福的世界，然而，突然出现的散兵打破了他们的悠闲生活。一开始只是三三两两聚集于此，赵明诚只需稍稍派兵镇压即可。但随着时间的推移，越来越多的散兵游勇流落到莱州扰乱百姓，赵明诚这才意识到问题的严重性。

此时，汴京已经变成被战火摧毁的人间炼狱。宋宣和七年（1125 年），宋钦宗即位，而年纪轻轻的他并没有想到接手的不过是一个摇摇欲坠的末世王朝。

次年，宋钦宗改国号为"靖康"。他也许没有想到，这"靖康"二字在后世竟成为北宋王朝屈辱史的标签。金人在联合宋朝灭辽后，于宋靖康元年（1126 年）大举侵占汴京。一时间，北宋帝都面临前所未有的威胁。

纵观华夏古今，兵力最为浅薄的便是宋朝。自赵匡胤黄袍加身登上皇位后，一直推崇军事中央集权制度，削弱群臣兵权，方才有了"杯酒释兵权"的典故。另外，宋太祖在统治过程中十分注重文官的发展，更留有"进谏者不杀"的遗训，为宋朝强干弱枝、重文轻武的政策埋了下前因。

宋太祖、宋高宗执政期间，宋朝领土不断扩大，其军事力量足以征服边境列强，但随着继位者的领导能力下降，北宋逐渐成为国力积弱的王朝。因此，自宋高宗以后，北宋王朝多有边境列强入侵，其中以西夏、辽国、金国为首的入侵者具有较大威胁。

为了维护北宋子民的安定，宋王朝不得不签订各种不平等条约，以至于原本兵力薄弱的宋朝陷入了无可逆转的恶性循环之中。如宋辽的"澶渊之盟"与宋金的"绍兴和议"都是宋朝走向没落的主要转折点。

起初，在宋朝每年进贡大量金银财宝的情况下，辽、金、西夏等国愿意与宋朝共享和平。随着金国的不断壮大以及辽国、西夏的日益衰退，金国对辽国、西夏产生了吞并之心。于是，金国与北宋联合，共同攻打辽国。

说来可笑，一直打着"和平"旗号的北宋在收到金国的联盟邀请时，朝野之上的群臣大多摇身一变成为"主战派"。攻克辽国之后，宋朝因消灭了多年来一直困扰着自己的敌国而举国欢腾时，金国则看到了宋朝国力的薄弱。

此举灭辽，多为金国功劳，而向来重文轻武的宋朝则被辽军打得节节败退。因此，在灭辽过程中，宋王朝非但没有让金国看到其应有的大国之风，反而将军队纪律散漫、素质低下的一面暴露无遗。金国看到了财雄地大的宋王朝不过徒有虚名，便起了吞并之心。

宋宣和七年（1125年）十一月，金国挥兵南下，直捣北宋国都汴京。汴京的朝臣与百姓面对这突如其来的入侵还没来得及反应时，金兵已兵临城下。宋徽宗见形势大乱，匆忙让出皇位，将这个飘摇不定的王朝交给了太子宋钦宗。

宋靖康元年（1126 年）八月，金国攻陷汴京。次年二月，金人废除了宋徽宗与宋钦宗，将三千多名赵氏皇室人员押往金国，自此二帝再没有踏足中原。同年五月，康王赵构在应天府（今江苏省南京市）称帝，建立南宋王朝。

历史上，这场屈辱的战争被称为"靖康之耻"，直到南宋年间仍有不少忠臣名将以此为辱，并决心收复失地，迎回二帝。爱国诗人陆游在临终前曾写："死去元知万事空，但悲不见九州同。王师北定中原日，家祭无忘告乃翁"，可见其对收复失地的渴望远远高于自己的生命。南宋名将岳飞更是写下千古名篇："靖康耻，犹未雪。臣子恨，何时灭？驾长车、踏破贺兰山缺。壮志饥餐胡虏肉，笑谈渴饮匈奴血。待从头、收拾旧山河，朝天阙"，其豪情壮志更是代表了南宋一众欲雪国耻的忠义群臣的心声。

经过一番政局动荡，宋朝举国上下都处于惊恐之中。覆巢之下焉有完卵，"靖康之变"改了宋朝百姓的命运，同时也改写了李清照夫妻静谧惬意的生活。可以说，"靖康之变"给二人好不容易构建的小家庭带来了毁灭性的打击。

霎时间，所有的美好与憧憬都化作灰烬。二十多年来，李清照一直用青春与生命维系的家庭转眼间遭此巨变，那些曾经的点滴恍如流水般逝去，曾经的恬静、欢喜、相思、离别都成了回忆。

当时，宋金两国的交锋尚未波及山东一带，然而身为知州的赵明诚早已从各人口中得知形势的严峻，此时的他方才意识到不能再一味地沉浸在自己的世界里。于是，焦躁与无助开始困扰着赵明诚与李清照。战争使整个莱州陷入恐慌，从战线传来的消息和谣言纷纷冲击着北宋百姓的心理防线。

俗话说：顺应天命乃智者也。但国难当前，李清照夫妇难免要挣扎一回，毕竟这关系到生死存亡，哪怕最后失败也要拼搏一次。

政局动荡期间，李清照与赵明诚每天在屋里徘徊，他们不仅为国家的前途而担忧，同时也害怕在战争中失去彼此。每每想到这里，二人皆是四顾茫然，不知如何是好。

迫在眉睫的战火与前路未卜的未来使他们在无助与担忧中度过了一段时日，百姓们纷纷拖家带口往南方迁移，仅剩下一些老弱病残留在莱州，等待着命运的审判。看着曾经繁荣的莱州变成一片沉寂，赵明诚的心中感慨万千。

就在此时，一连串的变故让二人不得不放弃莱州，为未来做出最后一丝挣扎。

一树海棠百般滋味

人生在世愁绪万千，有的人为赋新词而甘心忧愁，有的人却被卷入时代的车轮中倍加无奈。古语有言：谋事在人，成事在天。若天不眷恋，任有西楚霸王般力拔山河之势亦不甘苟活于世。

英雄豪杰尚且如此，何况寻常布衣。在战火之下，无数百姓流离失所，金人攻城后大肆屠杀，一时间中原地区腥风血雨，百姓苦不堪言。虽然战火尚未蔓延至莱州，但莱州百姓亦纷纷南下，欲逃离战火的摧残。

作为知州的赵明诚也有所准备，与李清照商讨多日后他们决定先回青州暂避风头，再想办法南下逃亡。在他们看来，那日益蔓延的战火除了威胁生命之外，更重要的是，在青州的"归来堂"根本无法在战火中幸存。

几十年以来，二人费尽心血与钱财搜集的金石字画与文物，如今在战火中该如何保存？若是"归来堂"被毁，则代表着他们的前半生也被战火摧毁。每每想到这里，他们的心中便一阵苦涩。

在二人不知如何是好时，远在建康的赵府寄来一封家书，称赵明诚的母亲病危，劝其早日归去尽孝。这使得原本已经忧虑重重的赵明诚更觉悲凉。

次日，赵明诚申请离任后便与兄弟几人赶往江宁。作为媳妇的李清照理应同往，但赵明诚更需要她留在青州处理"归来堂"的文物。虽然李清照不愿与丈夫分离，但想到"归来堂"的古物珍宝，只能同意赵明诚的安排。

青州的一切依旧是那么熟悉，在这里生活了十余年的李清照想到战火过后这片净土不知会变成何种模样时，心中难免伤感。当赵明诚与李清照一行人回到青州时，曾经的姐妹见到李清照亦泪湿衣襟。但此时并非叙旧的时候，几人匆匆聊了几句后便各自离开，为战火蔓延至此做最后的准备。

打开"归来堂"尘封多年的大门，里面的文物字画依旧被静静地摆放在屋内，二人感慨不已，不管哪一件都是李清照与赵明诚历尽艰辛得来的，每一件文物背后都蕴含着二人的青春年华。但迫于这批文物的数量过于庞大，将其悉数运走难度很大。于是，他们不得不对文物进行筛选，将沉重的书籍与较大的印本排除掉，再将字画中重复的部分撤除，把没有款识的古器与平平之作拿开，最后，将最为贵重的文物打包装好，由赵明诚带到江宁。

在李清照所写的《金石录·后序》中曾简单叙述此次转移的情景："闻金人犯京师……既长物不能尽载……凡屡减去，尚载书十五车。"想来这次的转移量远远高于二人的能力，光是精挑细选的文物数量已经高达十五车，其余的只能等待第二年春天再运往江宁。

赵明诚带着十五车贵重宝物前往江宁奔丧，而李清照则留在"归来堂"，着手整理文物与藏品。当时汴京失守的消息已经传遍中原地区，因此青州百姓也开始南下逃亡。李清照在青州的姐妹好友也纷纷离开，因此她度日如年，只全心整理文物，希望能够尽快将大批文物带回江宁。

然而，计划赶不上战火的蔓延。本来，赵明诚对金兵的行进路线进行推断，认为短期内金兵并不会前往青州，但让他没有想到的是，真正摧毁"归来堂"的并不是金人，而是青州人赵晟的揭竿起义。

当李清照得知青州官民关系日益恶劣时，她不禁感到恐慌，毕竟作为一介女流，在面对穷凶极恶的匪徒时哪有什么还手之力。某天晚上，李清照浅眠于"归来堂"内，突然听到了窗外忽高忽低的吵闹声，于是，她马上挑选一些重要的书画带在身旁，随后将十多间装满书籍古物的房屋锁好便匆匆离去。不难想象，在北宋灭亡且匪徒横行的时代，不仅要提防地方恶霸结伙行凶，还必须小心当地官兵的抢掠。

因此，当李清照听到窗外声响时便立即警惕起来，她借着黑夜的掩护一口气逃到了村头。当确定自己已经安全时，她回头望了望这个曾经为她带来十年欢乐的净土，心中难免不舍，而让她更加不舍的便是这大半生收藏得来的珍贵文物。

青州显然无法继续停留，她不得不忍痛放弃大批藏品，带着为数不多的最为珍贵的文物到附近安全的地方暂避风头。她不知道下次回来的时候，那些藏品是否还属于自己。

她祈求离开以后会有富商或是大臣与自己一样无比珍爱这些藏品，并将它们流传下去。在这个兵荒马乱的时期，能够让藏品流传便是对夫妻二人多年心血的最好安慰。

然而，突如其来的一声呐喊让李清照的祈求顿时破灭。不多时，村庄里闪现出一片火光，被焚毁的村落与村民的哀号声让李清照不敢往前半步。霎时间，火光把黑夜映得如白天一般明亮，那十多个房间里的书籍文物在刹那间化作灰烬……

不知过了多久，人们的哭声依旧惨烈，李清照更是泣不成声。眼前的村落已化为废墟，无数村民流离失所，他们失去了家园，李清照亦失去了半生心血与回忆。

多少王侯将相妄想能千秋万代，最终却落得家国尽毁，更何况一个小小的藏书阁？曾经为了保护"归来堂"而想尽办法，却依然没有逃过战火的摧毁。李清照回忆着曾经的点点滴滴，感到肝肠寸断，绝望无助。

宋朝崩塌了，在汴京失守后的一段时间，金人风卷残云般攻陷了东北、华北及中原部分地区，并且拥护傀儡皇帝张邦昌为帝。李清照此时不得不携带着仅剩的几卷藏书逃离青州前往江宁。整个北方被战火摧残得一片狼藉，无论官员还是土匪恶霸均以抢夺资源为生。李清照不敢在大道上行走，她看着茫茫夜空，独自走在羊肠小路上，寂静与漆黑让她感到无比恐惧，那是她度过的最漫长的夜晚。好不容易天边泛起了鱼肚白，她瘫坐在树林一隅，感觉身体快要散架一般，凌乱的发髻与微肿的脚踝让她不知该如何是好。

其实，李清照心中明白，光凭自己是无法前往江宁的，如今匪徒当道，要是误上贼船后果更不堪设想。漫漫长路，李清照不禁心生无助，她不知道未来将会如何……

突如其来的变故让李清照与赵明诚分隔两地，她所有的幻想与计划都抵不过命运的安排，正道是：春日不知冬彻骨，一株海棠百般滋味。

且恋恋，且怅怅

　　黄沙飞舞，战火连绵千里不尽；乌云盖顶，哀号遍野日月无关。中原及北方在狂风暴雨中变得黯然，那曾经娇艳的繁花如今悉数凋零，仅剩下光秃秃的枝干在狂风中摇摆，欲逃离战火的摧残。

　　宋徽宗与宋钦宗被俘、傀儡皇帝张邦昌掌管政权、赵构南下建立南宋等一系列历史事件使这个时代变得分崩离析。且不说宋徽宗、宋钦宗二人前途未卜，即便是赵构所建立的南宋依然处于百废待兴，官员、土匪在南方地区仍四下抢掠。

　　最惨烈的要数北宋地区，由于张邦昌的不作为，让无数百姓流离失所。手无寸铁的百姓纷纷南下，他们成群结队，希望以抱团的方式躲过战火的摧残，然而更多时候遇到的却是那些为富不仁的官员以及霸道野蛮的土匪。

　　一时间，在金人尚未侵占的地区，土匪与官员巧取豪夺，无所不用其极地残害百姓，搜刮百姓财产，以致城中街道及郊外尸横遍野，曾经平静祥和的中原土地如今硝烟弥漫。

李清照在荒野中漫无目的地走着，她尽可能地在田野里面走，让那半人高的杂草遮住她的身影。她已经独行了许多个日夜，每日提心吊胆的生活让这个大家闺秀身心疲惫，好几次想要与他人结伴同行，但现实的残酷却让她不得不时刻保持警惕。

幸运的是，经过几天的步行后，李清照遇到了一位驾车的老人，他正前往真州与儿子团聚，她见老人面慈心善，便选择与他一路同行。因路上有无数未知的危险，老人建议白天二人就地休息，晚上出行，李清照欣然同意。

经过几天颠沛流离的旅程后，李清照与老人终于踏上了真州的土地。她与老人离别后，本想由水路前往江宁，但真州城内却爆发了一次大型起义：以张遇为首的起义军此时已经兵临城下。在北宋灭亡后，真州早已没有官员管辖，因而起义军轻松地占据了真州。

若是贸然选择走水路，那么李清照将有可能与起义军相遇。为了安全起见，她不得不改变最初的路线，先在真州落脚，随后再寻机会离去。

她身上所带的书籍字画除了《赵氏神妙帖》之外，其余大部分已遗落，有的更是化为灰烬。在当时恶劣的形势中，且不说那价值连城的文物古籍，便是李清照本人也狼狈不已。

关于这段变故，李清照在《金石录·后序》中有所记载：

"至靖康丙午岁，侯守淄川，闻金人犯京师，四顾茫然，盈箱溢箧，且恋恋，且怅怅，知其必不为己物矣。建炎丁未春三月，奔太夫人丧南来，既长物不能尽载，乃先弃书之重大印本者，又去画之多幅者，又去古器之无款识者，后又去书之监本者，画之平常者，器之重大者。凡屡减去，尚载书十五车。至东海，连舻渡淮，又渡江，至建康。青州故第尚锁书册什物，用屋十余间，期明年春再具船载之。十二月，金人陷青州，凡所谓十余屋者，已皆为煨烬矣"。

一句"且恋恋，且怅怅"将李清照的心事展露无遗，相比未来而言，这些文物的价值更胜一筹。当这些文物被损毁时，她与赵明诚的回忆亦随之而去，如此悲凉又怎能让她不肝肠寸断呢？

这就是战争，让每个人都失去了原有的光环，在鲜血与侵略中变得千篇一律，为了生存而不断奔跑与挣扎……

在真州小住期间，李清照饱尝战火中的人情冷暖，在人人自危的环境中，她变得沉默寡言，生活也变得越来越困难。幸运的是，她在真州找到了一处破屋藏身。但每天都生活在恐惧与警惕之中，白天尚好，窗外沸沸扬扬的声响让她还能感到一丝的安全。而天色渐暗时，她便不得不打起十二分精神，留意着宁静夜幕下的任何声响。

在这期间，李清照遇到了一个所有人都无法解决的难题——食物。真州已经被起义军掠夺了一遍，能留给百姓的食物自然是少之又少。于是，掠夺他人食物的事件随处可见，李清照只能在午夜时分独自悄然前往野外，摘得些许野果、野菜充饥。但真州郊外已经在过量的采摘下变得一片荒芜。

惊恐、饥饿、迷茫，在日渐严峻的战祸中席卷而来，李清照若是长期留在此地，恐怕难以逃脱葬身于此的命运。于是，李清照开始制订从真州前往江宁的计划。在这个过程中，无数的摧毁与残杀时刻发生着，整个真州都陷入了恐慌，她不得不再次四处漂泊。

幸得在历经几番波折后，李清照终于如愿南下，来到了江宁。路途虽苦，但能够停止颠沛流离的生活让她孤苦的内心衍生了一丝安慰。虽然珍贵的书籍字画已经大多毁于战乱之中，但来到江宁的李清照除了心中的不舍与不安之外，更多的是与夫君重逢的喜悦之情。

遥望山河破碎，置身战火硝烟，曾经对生活的向往与努力纷纷在刀剑之下湮灭，那是一个国家的悲剧，也是每个人切身的伤痛。经历了生离死别后，李清照终于来到了江宁，相聚的温馨与安慰抚慰了那颗千疮百孔的心灵。

初到江宁，鳞次栉比的房屋以及喧闹的人群让她心安。然而，若是李清照细心一点便可发现，江宁虽熙熙攘攘，但大多是衣衫褴褛的平民百姓，并没有达官贵人的身影。

一路走来，沿途尽是逃难的百姓，他们有的身负重伤，有的血流满面，偶有三五哀号声传来。李清照望着两侧的伤员与百姓，她生怕在其中寻得赵明诚的身影。

宋建炎二年（1128 年）九月，赵构登基后重新调整官员架构。因时局动荡，各地方官员紧缺，不得不到处寻找管理人员。担任过莱州知州且出身官宦之家的赵明诚自然成为朝廷官员眼中的首要人选。恰逢此时赵明诚正于江宁奔丧，赵构得知后便任赵明诚为江宁府知府。

得知此消息后，李清照直奔江宁府，历尽艰辛而来的她只希望得见夫君一面，得知他一切安好便已足够……

团聚江宁，且盼春日再

历经山河破碎、风餐露宿的李清照到达江宁时，并没有如往常一般欢喜。她知道，岌岌可危的江山让她依旧看不到未来的希望，夫妻二人不过是风雨飘摇中的一叶扁舟，在命运的波涛下随时可能被狂风撕裂。

不止李清照心态大变，就连赵明诚也变得沉默寡言，仅仅两三年的时间便颠覆了他们半辈子的生活，同时也毁灭了他们的心血与回忆。如今，李清照虽贵为知府夫人，却再也回不到当年赌书泼茶、吟诗作对的生活。

曾经山清水秀、国泰民安的国家已经沦为外族的领土，民族的耻辱与生灵涂炭在李清照的心中烙上了印记。在江宁她过得并不自在，除了偶尔与赵明诚的同僚了解一下战线消息之外，大多数时间均独守闺中。

毕竟，江宁给她的感觉是一种人在屋檐下的无奈，她不愿去惊醒心中的这种无奈，也不愿到这片不属于自己的土地上赏游寻乐。

北宋灭亡后，赵明诚渐渐变得老成，再也不是当年的少年模样。据说，赵明诚出任江宁府知府时，他一个表亲的儿子谢伋曾带着唐代的著名画作《萧翼赚兰亭图》路过江宁。赵明诚得知后想方设法向他借取，但在借走以后闭口不提归还之事。碍于他的官势，谢伋亦不敢开口让他归还，于是赵明诚便将此物据为己有。

战争最可怕的地方不仅在于夺取生命，还在于它能掀起人性的阴暗，让一些人摒弃礼仪与善良。当年为了收藏文物不惜典押衣物而购买心头好的固执少年早已在战争中消亡，那个为了求得古籍而连夜抄写的风雅书生已不知所踪，那个领有朝廷俸禄却愿意节衣缩食购买文物的莱州知州也不复存在……

多少年来，赵明诚为了金石学而努力着，他被同行称为金石学的翘楚，而他的收藏水平更是朝野有名。只是世态演变人亦变，曾经的翩翩少年郎已变成了仗势欺人且中饱私囊的知府。

不难看出，赵明诚在经历了一连串的打击与颠沛后性情大变，也许这不过是面对不甘与无奈时的迷茫之举。在这样的环境下，李清照在江宁的生活便显得更加孤寂。她虽身在江宁，但始终对过去那片净土思念万分。

临江仙

庭院深深深几许？云窗雾阁常扃。柳梢梅萼渐分明。春归秣陵树，人老建康城。

感月吟风多少事，如今老去无成。谁怜憔悴更凋零。试灯无意思，踏雪没心情。

不经意间，江宁的春天已经来了，庭院里的繁花含苞待放，仿佛在等待绚烂绽放的一刻。冬日的寒梅与春日的绿草相得益彰、层次分明,然而宋朝的春天何日才能复返?春意盎然的庭院背后埋藏着多少心酸往事,那深不见底的哀愁又有谁能看到?

如今,夫君已贵为江宁知府,然而那高耸入云的楼阁却是门窗常闭。毕竟局势混乱,谁会有兴致去登楼观景呢?也许此时的春天对于李清照而言亦无意义,春风拂过古秣陵城,整个城池充满了生机,但这里始终不是心中的家,她心怀北方那片被侵略的故土,那片被战祸摧毁的家园,因为那是宋朝百姓心中的根。

想着想着,李清照的心中难免一阵悲凉。在庭院之外有多少平民百姓无家可归,战争摧毁了他们的家园,侵占了他们的土地,而自己也难逃终老建康城的命运。

当初一起吟诗作对、饮酒泛舟的日子是多么美好啊!可惜岁月不饶人,如今的李清照只希望与爱人在太平盛世间终老。算了吧,既然老了就不再盼望当年元宵试灯时的快乐,也不再回忆年轻时踏雪赏景的美好,就让自己在衰老与憔悴中度过余生吧。

李清照贵为江宁知府夫人,本该继续吟唱春花烂漫、秋雨迷蒙,只是,从她的诗词看来,她更加怀念当年与赵明诚一同度过的安稳岁月。她怀念与赵明诚流连相国寺的岁月,怀念十年青州品诗研学的清苦,甚至怀念对丈夫牵肠挂肚的时光。也许是那些年,家还在,未来还值得期盼的缘故吧。

不得不承认,相比同时代的女子,李清照更显大爱之心。在南宋政权逐渐稳固后,大部分百姓安居乐业,逐渐忘却了当年的伤痛,而在李清照人生后半段的诗词里,却一直将"靖康之耻"铭记于心,不忘这个王朝所遭受的耻辱。

也许是自幼熟读诗书的缘故,或是文人对于根的情怀,李清照对于国破家亡始终难以释怀。她只能以文字抒发心中的压抑与热血,在她笔下，那小小的女子亦心怀热血阳刚之气。

渔家傲

天接云涛连晓雾，星河欲转千帆舞。

仿佛梦魂归帝所。闻天语，殷勤问我归何处。

我报路长嗟日暮，学诗漫有惊人句。

九万里风鹏正举。风休住，蓬舟吹取三山去！

李清照的这首《渔家傲》，风格更为独特，她在经历了颠沛流离的生活后难掩心中的不甘与愤怒，终于下笔写就了这一阕豪放热血的名篇。

在这篇词里，李清照将对生活的感受融入梦境之中，以梦游的构思去表达对生活的不满与急于逃离而又无法逃脱的心情。晨雾朦胧，浮云萦绕，灰黑色的天空上繁星点点，它们环绕在四周，缓缓流动。也许，李清照希望自己能够化作繁星，在静谧无忧的环境中自由自在地生活，这样便可以远离这个兵荒马乱的年代，感受岁月静好的时光。

恍惚间，听到天帝的疑问："你可有归宿？"有人说，这是李清照自己心中的疑问，茫茫天地间何处是自己的归宿？也许只有那段纯粹而清雅的岁月才是自己心之所向，然而一切已成过往，只能在战乱中颠沛流离。

已年近知天命的自己空有一身才情，却在这兵荒马乱的岁月中无处可用，只能空自悲叹。看吧，此时大鹏鸟正在九万里长空中振翅高飞，而自己学有所成又有何用？

看着天上繁星点点，李清照恍如置身于星空中的一叶扁舟。她希望此刻的微风能够一直吹着，把自己与那重重的心事吹到蓬莱岛上，离开这个战火连连的时代。

纵观李清照的一生，南渡之前她虽然有过一段随性烂漫的岁月，但自从与赵明诚成婚后便一直待于深闺，等待着情郎归来；而南渡之后的她，历经风霜，眼界大开，其笔下不再是局限于闺中儿女情思的诗词，而是更显大慈大爱、名家风范的词作。

然而，在诗词中自由驰骋的她终究要回到现实生活中来，我们经常向往梦中的美好，但不能沉溺其中，毕竟现实的残酷会把我们从梦中唤醒。在战乱的环境下，如李清照一般敏感而感性的女子，是如何度过这一时期的绝望与孤独？或许正是看清了世间的无奈与绝望，李清照才更加懂得珍惜眼前的一切。

在这个无数人家破人亡的时代，李清照还有一个爱她的丈夫，留下了很多传颂后世的名作，那一身才情始终伴随她的一生，这些不正是李清照生命中的意义吗？见过了太多的颠沛与波折，方才懂得倾己所有去守护这些生命中独特的意义。

花无百日红，再珍贵的事物终究会有消逝的一天，那一身才情或许在某一次命运的打击下便从此萎靡，那个爱她的人亦在时光的推移下渐渐老去，与她渐行渐远……

送君一别，不知何日相逢

很喜欢电影《重庆森林》里的一段话："不知道什么时候开始，在每个东西上面都有一个日子，秋刀鱼要过期，肉酱也会过期，连保鲜纸都会过期。我开始怀疑在这世界上有什么东西是不会过期的。"

任何东西都有自己的时限，万物生灵有之，太平盛世有之，翩翩少年有之，佳偶天成亦有之。有时候，爱情过期，我们便渐渐地学会了冷眼旁观。

赵明诚担任江宁知府后，不仅对政事丝毫不理，甚至曾经他最为讨厌的官场恶习在其身上亦得以窥见。在他的管辖下，江宁每天依旧有土匪游勇扰乱民生，有无数伤患倒在道路两侧哀号，整个江宁乱成一片。

李清照自然对此颇有微词，奈何此时的赵明诚只沉迷于金石学，他把所有的时间都用于搜集文物字画，并且无所不用其极。想来，如李清照这般具有崇高爱国情怀的女子，必定苦劝赵明诚专心政事，但赵明诚仿佛铁了心要夺回此前失去的一般，自上任以来一直用尽方法搜刮各类文物古籍，罔顾民生。

俗话说：食君之禄担君之忧。赵明诚领着俸禄却罔顾江宁百姓。南宋建炎三年（1129年）二月，御营统治官王亦密谋叛乱，此事被赵明诚下属得知，并向赵明诚做了汇报。奈何赵明诚醉心于字画古玩，对下属所报告之事并未在意，亦不曾采取任何行动。

下属见此难免叹气连连，悄然告退。当天午夜，王亦挥军直捣江宁府，一时间战火照亮黑夜。官民见此突变，纷纷四散逃逸，江宁府瞬间乱成一团，财物尽毁。

幸得江宁府的下属暗地里自行布阵，提早做好准备，并且在叛乱爆发时以江宁府为数不多的兵力拼死抵挡叛乱之军。最终，江宁府众兵士在付出惨重的代价后终于成功击退了王亦。然而，当部下欲将战事禀告赵明诚时才发现，他早已不见踪影。

江宁府部下生怕赵明诚在叛乱中被叛军俘去，于是发散兵力四处寻找。后来，在城池中寻得一根绳子，由此断定赵明诚在叛乱中早已利用绳子从城墙逃跑了。

也许是战争过于残酷，从未经历波折的赵明诚在面临战争时心怀恐慌。不难看出，他自靖康之耻爆发以来性情大变，也许是战争的残酷扭曲了赵明诚的价值观，也许战争不过是将他原有的性格展现出来了。

对于临阵逃脱的赵明诚，李清照感到无比羞愧。奈何夫妻一场，而他在变故中又经历了那么多苦难，难免心生"莫待无花空折枝"的想法，因而李清照亦无当面责备，只是在路过乌江时写下了这首《夏日绝句》，警醒丈夫以及世人。

此诗一反李清照婉约词宗的风格，辞藻磅礴大气，以西楚霸王项羽为榜样，将心中深厚的爱国之情通过诗句表达出来，这也是后世广为传颂的易安诗词之一。

夏日绝句

生当作人杰，死亦为鬼雄。

至今思项羽，不肯过江东。

诗中用词直白，寓意着在兵荒马乱之中，世人应当以为国捐躯的人中豪杰为榜样，哪怕是马革裹尸亦无悔此生。而诗中的后半段，李清照以项羽兵败后无颜面对江东父老而在乌江自刎的事迹警醒世人，力透纸背，直指人脊骨。

古往今来，多少忠烈女子名留青史，李清照虽然在战乱中难以施展其才情与文思，但她所写诗词却在当时起到振聋发聩的积极作用，正气凛然的价值观让无数铁血战士为之一振。那恰到好处的典故鞭挞着南宋当权派一味求和的屈辱行径，引得诸多爱国人士齐声唤好！

李清照的诗词让赵明诚深感无地自容，作为男儿，临阵脱逃且被妻子不耻是极其嘲讽的一件事，因而赵明诚在李清照写罢此词后极其难堪。关于赵明诚弃城逃逸一事，宋高宗赵构勃然大怒。平定叛乱之后，赵构立马罢免了赵明诚的官职，而赵明诚自知毫无颜面留在江宁，于是携李清照一同前往池阳安家。

与以往不同的是，在李清照的前半生中赵明诚每每被贬迎来的都是安逸的生活，而今的她知道池阳并非久留之地，赵明诚与她此行前往池阳意为安家，实际上乃是逃亡至此。池阳岂是安度余生之地，且不论金人挥兵攻打，如果当地的悍匪起义，百姓居民便难逃厄运。实际上在南宋建立初期，多地出现叛变，百姓们时刻心怀对战争的恐惧与惊慌。

山河破碎，心如死灰的李清照来到池阳后终日不苟言笑，经历了种种磨难的她此时目光不再局限于闺中女儿情，而是心怀社稷，为民族的未来担忧。反观赵明诚，也许是对战争过于恐惧，此时的他不仅对战事不闻不问，甚至提起政治、战争等事情时便采取逃避的态度，仿佛如此便能躲开这个兵荒马乱的世界，回到当初纯粹美好的年代。

但朝廷用人之际，赵明诚又如何能逃掉为朝廷效力的宿命呢？赵明诚被罢官后不久，赵构便再下诏书命赵明诚出任湖州知府。与此同时，赵构从杭州来到建康，并命他上任之前过阙上殿，务必前往建康面圣。李清照与赵明诚自然知道，如今政局动荡，悍匪当道，各地因起义军与正规军交锋而遭受战火侵害，赵明诚此行建康路途遥远，加上李清照所居住的池阳并非可久留之地，因而离别时二人难舍难分。

六月的夏天是酷热的，湛蓝的天空与迎着阳光蓬勃生长的绿叶将池阳点缀得洁净如新。这对患难夫妻又迎来了分别之日。山峦连绵碧水潺潺，那自然风光仿佛在天地间勾勒出一幅清新亮丽的山水画，在此明媚的夏日中，李清照与赵明诚却怀着不舍的心情在岸边挥手告别。

在《金石录·后序》中，李清照曾写到当时情景：

"六月十三日，始负担，舍舟坐岸上，葛衣岸巾，精神如虎，目光烂烂射人，望舟中告别"。

李清照写就《金石录·后序》的时候，已经步入晚年，但她依然记得离别当日丈夫的衣着与神态。时光荏苒，与赵明诚的点点滴滴历历在目，曾经离别的话言犹在耳。

那天，赵明诚身穿葛布衣服，头上扎着头巾，看上去强壮健朗。赵明诚把行李搬到船上，与李清照道别后便划船离开。李清照站在岸边，朝着船上的爱人挥手告别，直到小船在一望无际的海洋中化作黑点，方才黯然离去。

回到池阳，李清照内心空空如也。虽然在战乱中赵明诚性格大变，可她依旧盼望夫君早日归来。在她的身后有十五车的文物与彼此的心血。李清照清楚地记得在临别时赵明诚对她说的一番话："如果情况危急，那就随着众人离去吧。面临危险时便丢掉重物和衣服被褥，不到万不得已时切勿丢弃身上的画册与古物。但绝不能丢弃祭祀的器具，实在无路可走，也只能与这些器具共存亡。"

为夫者竟在临别时如此嘱托妻子，想来赵明诚深知离开后，二人能否再见尚属未知。由此看来，二人已做好最坏的打算，这份对未来的恐惧与不安让人如何止得住那浓烈的不舍之情。

人生无常，谁知道这次互道珍重后是否还能相见。纷纷扰扰的时代、前途未卜的夫妻还有看不到希望的未来，一切都预示着即将到来的跌宕与颠沛。纵然不舍，但国难当前她只能目送赵明诚前往建康，为国家出一份力量。

此刻的李清照是悲凉的，但她依然期盼着回归从前的美好，期盼着王师北定中原，期盼着赵明诚平安归来。她期盼着有一天，他们回到青州，邻里姐妹还在，浓情蜜意还在，余生的美好时光还在……

但，从建康寄来的一封信，打破了她所有的憧憬与期盼。

第六章

物是人非事事休

李清照的生命中从来不乏离别，然而每一次对未来的希望都让她保持初心。晚年的她依然可以赏春秋美景，但那个与她共享的人已不在身边。面对战乱她无所适从，面对未来她迷茫孤苦。夜如霜，举目难寻相思郎，更觉悲凉，唯有夜烛泪千行，未消旧情浓，叫人肝肠断。

半世情缘，终化胭脂泪

独望栅栏月影残，红影映幽窗，蛙鸣徒染心惆怅；难眠独卧凉夜寒，西风唤牛羊，浓夜成殇人断肠。夜如霜，举目难寻相思郎，更觉悲凉，唯有夜烛泪千行，未消旧情浓，叫人肝肠断。

人生不过百年，多少往事依附心中，一腔哀怨无处倾诉，待到夜静无人时，遥望明月将心事交付，以星作拂掸去心上尘，化夜成水抚慰跃动的往昔。此刻，李清照望着天上繁星，在床上辗转反侧难以入眠，她刚收到家书，得知赵明诚不日内即可到达建康前去面圣。

赵明诚若安然无恙固然是好，但李清照不由得担心起来，不知圣上是否会责怪赵明诚上次在江宁失职并加罚于他。但她转念一想，如今朝廷正是用人之际，此次圣上召夫君前往必定是希望他戴罪立功，方稍觉安心。

家书中赵明诚稍稍提及了自己身体不适，想来是天气太热导致肝火燥热。李清照得知后担心不已，赵明诚的性格她十分了解，定是病得颇重才将病情道来。

此次出行本是酷暑天气，加上战祸影响、仕途起伏，身心负荷的确有所加重。若是病倒，以赵明诚的体质在三伏天气亦不容易康复，念及于此，李清照担忧连连。

夜幕便在李清照胡思乱想中悄然度过，天边泛起鱼肚白，没等李清照梳妆，突然另一封家书送来。当李清照接过驿使递来的书信时心中不免泛起一丝不祥的预感，夫君何曾如此频密地寄发家书？哪怕是二人热恋时亦不曾有过。

忐忑不安的李清照撕开信封，信中的笔迹异常潦草，看来并非丈夫所写，信中写到赵明诚在途中身患重疾，生命垂危。李清照如遭五雷轰顶，头脑顿时一片空白。为了尽快了解丈夫的病情，李清照日夜兼程赶往建康，当她来到赵明诚身边时，他已经卧床不起。赵明诚得病后的确如李清照所料，服用了柴胡、黄芪等凉性药，使原本初发的病情越发严重。

赵明诚脸色枯黄、双眼紧闭，干枯的面容没有一丝生气。想来上次池阳暂别时，丈夫尚且"精神如虎，目光烂烂射人"，没想到才过了一个多月，便变得如此虚弱。在照料赵明诚的这些日子里，李清照白天强颜欢笑，夜深人静时那强忍已久的泪水便顺着香腮落下。

李清照的生活变得忙碌起来，每天醒来后，她便着手照顾赵明诚洗漱，随后便出门寻找名医，这期间李清照贩卖了不少文物珍宝。然而，赵明诚的病情日渐严重，久而久之李清照也就放弃了寻找名医的想法，只想珍惜余下的时间陪伴夫君。

这段时间她甚至忘却了政局动荡，也忘却了国仇家恨，她要的只是让赵明诚痊愈。在李清照悉心的照料与陪伴下，赵明诚的病情有了好转。那是一个阳光明媚的早晨，本来八月乃是一年中最为酷热的时段，然而那天却异常清爽，若不是路上郁郁葱葱的绿叶，那清风送爽的天气还真让人错以为秋天已经到来。

李清照依旧顶着残躯为赵明诚打水洗漱，当她进入房间时，赵明诚一反常态地挣扎着坐了起来。看到歪坐在床的赵明诚，李清照不由得又惊又喜。丈夫已经卧床多时，平日里就连转头也需用尽全身力气，如今他竟能独自坐起，实属难得。但他的身体依旧虚弱，李清照顾不上手中的水盆，随意放在地上后便上前搀扶丈夫。

此时李清照才发现，赵明诚的衣衫已经被汗水打湿，虚寒不已的他想要看看夏日美景，但李清照无法将他带到门外，只得打开门帘，让赵明诚半坐着看看窗外美景。看着默不作声的丈夫，李清照的心中一阵绞痛。

若不是久病在床，也许赵明诚不会发现窗外的风景原来如此动人。此时的他看着绿叶在微风中摇曳，阳光正好，蝉鸣阵阵。如果能到外面感受阳光的气息，定是人生一大乐事。可惜如今自己的身体状况根本无法迈出房门，更不用说在阳光下观花赏叶了。

在夏日美景的熏陶下，赵明诚想起了过去的点点滴滴。多年来，一直沉浸在学术与功名利禄中，不曾抬头看一眼这世间美景；一直苦苦追求完美的生活，现在才发现自己早就活在了幸福之中。看那些被微风吹拂的绿叶，那些熟透了的果实，还有始终对自己不离不弃的妻子。

在李清照看来，此时的赵明诚是可悲的，他的眼神是如此深邃，透着一种强烈的不舍。李清照不由得泪流满面，可她又怕赵明诚看见，于是悄悄转过身来，伸手拭干了眼泪。

也许那天是二人在这段时间里最愉悦的一天。后来，赵明诚半躺在李清照的怀里，与她说起前阵子发生的一件小事：初到建康时，有一名叫赵飞卿的学士前来拜访，当时他的身体状况尚可便前往接待。只见赵飞卿拿着一个玉壶找他鉴赏，但赵明诚尚未接手便已看出那玉壶是个赝品，是一个用石头磨成的壶……

说起此事时，赵明诚双眼发光，兴意浓浓，李清照看在眼里，痛在心里。良久，李清照让赵明诚躺好，告诉他等病好了再陪着他一同收藏文物。赵明诚听后，仿佛松了一口气，连连点头并闭目安神。

不经意间，酷热的夏天悄然过去，秋风在酷暑的消退下登场。此时的赵明诚虽然重病缠身，但他依然能够与李清照相依在床前，看着窗外明月，一同品尝李清照亲手制作的月饼。月光下，这对年过不惑的患难夫妻感受着彼此的温热，在皎月当空下享受着岁月静好。

这一刻，李清照与丈夫在安逸的夜晚相拥。他们不再如年少时浮躁，也不再为了欲望而挣扎，甚至放下了花鸟鱼虫、诗文古籍，而是在只有彼此的世界中紧紧相依相拥。

中秋过后，赵明诚的身体每况愈下，严重时更是好几天滴水不进，让李清照焦虑不已。秋来了，冬天也不远了，此刻的赵明诚会怎样度过这一季寒冬？也许在不久的将来答案便会揭晓……

相见无期，何处话悲凉

现实从来都是无奈的，不知何时它便会给予你一记重击，之后也不知会否给你一声安慰。想来世人诵经千遍，漫天诸佛闻经喜，可何曾得见上苍怜悯过世人悲苦，拯救苍生于悲伤之中？

也许是凡尘的悲伤在上苍面前不值一提，又或者那不过是庸人自扰。年岁渐长，我们的人生有了诸多牵挂，担忧成为贯穿一生的愁绪。

眼看赵明诚的身体日渐虚弱，李清照的生活越来越吃力。后来，他甚至连眼睛也无力睁开，只是偶尔从喉咙中发出一声哼叫，如此情形让李清照更觉无助。

李清照心里清楚，丈夫的病已危在旦夕，但她依然每天尽心尽力地照顾赵明诚，虽然她不知道赵明诚是否还清醒，是否知道自己一直在他的身旁。这段时间里，李清照丝毫不觉辛酸，也许能够一直如此照顾赵明诚到老，也是一件幸福的事。只是，天不遂人愿，哪怕在李清照的悉心照顾下，奇迹依然没有降临到赵明诚身上。

宋建炎三年（1129 年）八月十八日，赵明诚在李清照的陪伴中去世。他的生命停止在四十八岁的夏天，而当时四十五岁的李清照在人生的后半段失去了最后的精神支柱。

　　李清照看着空荡荡的房子，天下之大却再也没有了家。国破了，她起码能够与丈夫相濡以沫度过那段艰难的日子；而家没了，哪怕世间繁花争艳，又与自己何干。没有了家，没有了丈夫，自己不过是这个战乱时代里的多余的人。

　　李清照的前半生本是一朵肆意绽放的花，如今再也没有爱情的滋润与灌溉，这朵傲立于乱世的名花逐渐凋零了。

　　面对亡夫，任李清照如何泪湿衣襟、号啕大哭，这渐渐冷却的皮囊却再也不会睁开眼睛。那熟悉的音容笑貌早已在回忆中褪色，当年的山盟海誓虽然言犹在耳，但再也不能实现。

　　安葬好赵明诚后，李清照的心仿佛也随之入土。人到中年，她早已没有当年的才高气傲，也没有国破时的爱国忧民，她唯一在乎的是一个完整的家。如今，天人永隔，留给她的只有那半部尚未完成的《金石录》以及十五车文物。

　　回看李清照的一生，她出生于官宦世家，有一个无忧无虑的童年，后因政治联婚而嫁入赵家。在她与赵明诚的浓情蜜意中，那些所谓的政治根本无法撼动他们的爱情。青州十年的光景是李清照一生中最美好的时光，而赵明诚也在这十年间奠定了金石学专家的地位。

　　后来，北宋王朝的灭亡把二人逼上了分离的道路，他们虽然绝望却丝毫没有放弃彼此。然而，赵明诚的离去让李清照失去了生存的寄托，那个曾经陪伴与安慰着她的丈夫已经葬身黄土，她再也无法依靠那温热的胸膛。

　　凉风惹人愁，坐在曾经的家中，李清照无法阻止自己回想当年，那个还残存着些许温热的床榻是多么惹人心碎，那扇摇曳不止的窗无法减缓她对赵明诚的思念。那些美好的零星片段，让李清照无处安放，是渐渐淡忘或是守如珍宝？我想，李清照根本无法选择，也无法淡忘。

如果说，秋风是思念的寄托，那么凉风是否能捎去一声对故人的问候。

南歌子

> 天上星河转，人间帘幕垂。
> 凉生枕簟泪痕滋。起解罗衣，聊问夜何其。
> 翠贴莲蓬小，金销藕叶稀。
> 旧时天气旧时衣，只有情怀不似旧家时。

在李清照的一生中，有无数个独自遥望星空的夜晚，然而今夜却让她感到前所未有的失落。曾经，她的心中仍有一份念想，而今她看着那银光闪闪的星河，那闪烁不定的星空已变得索然无味。那就干脆拉下帘幕，将自己藏在房间的昏暗中吧。

赵明诚曾经躺过的床此时已失去温热，李清照躺在其中任由泪水湿透了枕巾。没有赵明诚的日子里李清照几乎夜夜无眠，只能在黑暗中无助地抽泣。身心的疲惫让李清照沉睡，然而闭上眼睛她的梦里便会出现那个无比熟悉的身影，惊醒后却发现身边只有一丝泪痕。

脱去锦缎外衣，不知道此时是几更天。算了，如今时间对于自己又有什么意义呢？丈夫在的时候，李清照可以风情万种为君悦，如今故人已去，她只能在空房中独自感伤。

身上穿的罗衣不知道什么时候起已经慢慢变旧，自己却一直对这件单薄而褪色的旧衣服钟爱有加。也许这是赵明诚送给她的礼物，又或者这件衣服上残留着他的气味。当时自己穿着这件旧衣服与赵明诚观星赏月，如今衣服还在，人却不在了。

看来当年的一切都在，那片繁星皎月，那身金线翠衣，还有那炽热的心……只有心上人再也不见。

李清照的生命中从来不乏离别，然而每一次对未来的希望都让她保持初心。无论相隔多远，她始终带着希望走汴京、闯莱州。晚年的她依然可以赏春秋美景，但那个与她共享的人已不在身边。面对战乱她无所适从，面对未来她迷茫孤苦。

如今一切已成定局，世事纷纷扰扰，独身一人的李清照该何去何从？前路茫茫，一介女流会如何走完余下的清苦岁月……

沉悲寄情《金石录》

独对花间垂首泣，君何在？不见绸缎衣锦，只见幻化成蝶，多少伤春悲秋事难及与君别离，莫道是天作之合，却又分飞万里。李清照的悲凉似乎来得太早，时年四十五岁的她失去了生活中唯一的依靠，如今她带着仅剩的文物，望眼天下却无处可去。

处理完赵明诚的后事，李清照亲自写就祭词：白日正中，叹庞翁之机捷；坚城自堕，怜杞妇之悲深。深情难舍跃然纸上，以致后人读罢，依然可感受到那怅然的伤感。

祭词中，李清照引用了"白日正中""坚城自堕"两个典故，其中"白日正中"讲述的是唐代著名禅师庞居士与女儿灵照二人入灭①之事。当时庞居士正处入灭前夕，便出门观看时辰以准备入灭，当他归来后，却发现女儿已经自行入灭，庞居士得见女儿有如此悟性，难免欣喜却又因痛失女儿而悲伤。李清照运用此典故暗喻赵明

---

① 入灭：佛教指僧侣死亡。

诚先于她而逝，虽然乱世中寻常百姓生而苟且，身灭于此并非坏事，但赵明诚故去后李清照便孤苦一人，难免心痛难当。

"坚城自堕"则讲述了春秋战国时期齐国出征的故事。齐国大夫杞梁战死，其夫人悲不自已，每日以泪洗面，最终将地方城池哭塌。李清照自比为杞梁爱妻，一来表示自己痛不欲生的心情，二来道出赵明诚对国家的贡献。

李清照后期的作品中，隽永而悲凉的气息居多，她把当时女子的悲剧浓缩成短短的诗词。

在赵明诚离世后的这段时间里，李清照写下大量的千古名句，以悼念与缅怀为主，字里行间尽是丧夫后的不舍与悲痛。清朝词人陈廷焯评价其《浪淘沙》：凄艳不忍卒读，其为德夫作乎？情词凄绝，多少血泪。

浪淘沙

帘外五更风，吹梦无踪。画楼重上与谁同？
记得玉钗斜拨火，宝篆成空。
回首紫金峰，雨润烟浓。一江春浪醉醒中。
留得罗襟前日泪，弹与征鸿。

五更天时，一阵微风把难得入睡的李清照从梦中唤醒。但这又何妨呢？不过是梦中相见与醒来思念的区别罢了，在这世间终究只剩下自己一个人。

醒来后无处可去，不妨登上阁楼，哪怕凭栏远眺也好，总强于在这昏暗的房间里度日。如今还能有谁相伴？罢了罢了，往后的日子只能一个人独来独往了。

有时候，回忆就像梦魇一般挥之不去。当看到街道上人来人往时，李清照忍不住想起了当年随家人来到汴京时的情景，在文物街上她与赵明诚第一次相见，郎才女貌正青春，如今情郎已去而伊人色衰。还有那赌书泼茶的快乐时光，如今能与谁分享……往事匆匆，这一切犹如火炉中的宝篆一般，在时间的推移下幻化成空。

不多时，天上下起了蒙蒙细雨，衬托着李清照心中的愁思。回首望去，只见紫金峰上烟雾萦绕，春水潺潺却流不过乱世。眼泪湿透了衣襟，忧伤总是挥之不去。也许待到鸿雁飞过时，才能将那浓烈的忧伤交托给大雁带向远方。

相比早期的作品，李清照此时所写的一字一句都烙印着无法挥去的忧伤。不难看出，当她伤心欲绝的时候，总喜欢以"雁"为词，从曾经的"雁字回时，月满西楼"到如今的"留得罗襟前日泪，弹与征鸿"，再到日后所写的"雁过也，正伤心"均可看出，她从早年的相思变成了如今的悼念，那挥之不去的绝望萦绕了余生。

内心几近破碎的李清照在许多无眠之夜下笔挥毫数首作品，而流传至今的除了《浪淘沙》之外，还有一首《孤雁儿》，同样将一颗清苦悲绝的心刻画得淋漓尽致。

孤雁儿

藤床纸帐朝眠起，说不尽，无佳思。
沉香烟断玉炉寒，伴我情怀如水。
笛声三弄，梅心惊破，多少春情意。
小风疏雨萧萧地，又催下千行泪。
吹箫人去玉楼空，肠断与谁同倚？
一枝折得，人间天上，没个人堪寄。

读罢此词，心生惆怅，历经风霜的李清照依然保持着那烙印在骨子里的文人风骨。她在词的前面加上了一段序言：世人作梅词，下笔便俗。予试作一篇，乃知前言不妄也。

也许是接连的打击让她心情浮躁，因而不得不把矛头指向前人，又或是拥有千古才情的她确实看不上前人所写的关于梅花的诗句。她写下这段序，表示前人那些有关梅花的诗词都难逃俗气，就连自己所写也不甚满意。只是这首让她"不太满意"的词已让后来无数词人自惭形秽。

词中描述，李清照在初春的早晨醒来，身下是用藤竹编成的单人床，头顶是当时文人雅士喜爱的一种用坚韧的茧纸制作的帐子。两种如此清雅之物，暗示着李清照过着淡泊的生活，也透露出她心中说不尽的伤感与思念。

醒来无事，时断时续的香烟及玉炉使室内更显凄冷，李清照的思绪如水一样孤清绵长。在沉寂中，不知道是谁家玉笛吹起了《梅花三弄》，曲声动人，吹开了枝头的梅花。春天虽然来临，却也引起了她无限的幽恨。

疏风细雨弥漫着天地，冬去春来，大自然自有其规律，但李清照生命的春天已渐渐消亡。独坐闺中，泪下千行。明诚既逝，人去楼空，昔日夫唱妇随的美好日子只能回味，如今纵有梅花好景，又有谁与自己同赏呢？今日折下梅花，找遍人间天上，却没有一人可供寄赠。全词至此，戛然而止，而一曲哀音，却缭绕不绝。

这些年李清照遭遇了北宋崩塌、情郎离世、心血尽废等一连串的打击，最终病倒在床，并且严重到浑身无法动弹，仅能喘息。

李清照在当时已经想到自己也许即将要随夫君而去，但随着时间的推移，她的身体日渐恢复，熬过了一劫。然而，正是这次大病，李清照的两鬓开始变得稀疏，而那银白发丝亦开始在头顶冒出。

待到身体痊愈，李清照躺在床上看着天上残月，竟一时忘了正在煎煮的豆蔻汤水。望着这碗汤，李清照不禁叹气连连，如今与自己赌书泼茶的人已经不在了，不需再分茶而喝。一轮明月下，只有一人冷清饮汤。

大病初愈，李清照此时只能靠在床上读书赏花，偶尔天上飘落连绵细雨，那剔透的雨水淋湿了花瓣，使娇俏的花朵显得更加可人。只是，平日陪伴着自己的已是那朵深沉含蓄的木樨花。

为了记录当时的心情，李清照取出纸笔，把病后情形记于纸上。这首《摊破浣溪沙》也成为后世研究李清照晚年生活的主要作品之一。

摊破浣溪沙

病起萧萧两鬓华，卧看残月上窗纱。豆蔻连梢煮熟水，莫分茶。
枕上诗词闲处好，门前风景雨来佳。终日向人多蕴藉，木樨花。

木樨花，便是人们常说的桂花，那暗香芬芳的小黄花一直为李清照所爱。曾经，她为桂花作诗"何须浅碧轻红色，自是花中第一流"，而今落魄的李清照回想起当年的轻狂，是否会有些许怀念？多少年来，命运一步一步地将李清照逼上绝路，那一朵"何须浅碧轻红色"的傲世孤芳在世事的摧残下渐渐凋零。

病愈之后，李清照始终被悲伤的情愫所困扰，胸中的不舍与悲凉无处诉说。她恨不得借着病痛随丈夫同去。但转念一想，赵明诚已经离世，而他还有未完的心愿，李清照看着房间里满满的书卷以及文物，心中又泛起了丝丝希望。

记得当年池阳离别时，赵明诚曾经说过要与祭器共存亡，而《金石录》还未出版，李清照遂立志要保管好丈夫的遗物，并且为他完成《金石录》剩下的部分。

毕竟，那是唯一能够记录彼此美好回忆的物件，同时也是支撑李清照生活下去的精神寄托。但频繁的战事让李清照不得不离开建康，带着沉重的书籍再次开始了流亡生活。

在乱世中携带大量价值连城的古物，李清照的前路注定崎岖，有无数双贪婪的眼睛正对她身上的古物虎视眈眈。而李清照一心只想找到一处能避开乱世的地方，将满腔悲痛寄于《金石录》中。

在这茫茫乱世里，有何处可供李清照容身呢？

才藻非女子事也

有人说，生命是不断拥有与失去的过程。因为拥有的过于美好，所以只取一瓢；因为失去的太过重要，所以一无所有。

现实生活充满羁绊，正如李清照失去了赵明诚以后，若不是有未完成的《金石录》以及那一车车费尽半生心血得来的文物，恐怕她早已无心于世了。

在那个兵荒马乱的时代，要替丈夫完成昔日梦想谈何容易。丈夫去世一个月后，李清照好不容易从悲痛中缓过神来，正打算静心完成《金石录》的撰写时，金兵却开始挥军南下，旨在吞食整个中原地区。

其实，当时南宋已经立好根基，但金人来势汹汹，加上宋高宗自身并不好战，因而身为一国之君的他只得在金人的侵略下仓皇而逃。眼看国君一路南逃，身为一介女流的孤寡妇人，李清照亦不得不背负沉重的书籍文物重新开始流亡的生活。

然而，天下之大她能去哪儿呢？走在荒芜的小道上，她看着周遭拖家带口离去的百姓，不由得一阵心酸。想来既然无处可去，那何不随着圣上的脚步南行呢，说不准还能有片刻宁静的时光去完成《金石录》。

于是，李清照雇船南行，每至一处都不得不投靠昔日亲友。很多时候她还要遭受他人的嘲讽。封建王朝的女子地位低下，失夫的李清照在逃亡中遇到了无数麻烦。

本来，自幼名震济南的才女在半生中结识了许多好友知己，加上赵明诚生前是金石学的翘楚，因而李清照此趟南行理应会有许多达官贵人相助，但她却连连受到白眼。可叹这世间岂有真情常在，一切都不过是互谋利益罢了。

没有了"官夫人"的标签，李清照寸步难行，更让她无奈的是，如今这个标签反而给她带来了极大的负担。在旁人眼中，作为金石学家赵明诚的遗孀，她身上理应收藏了无数奇珍异宝，因而有不少人觊觎着这些古籍文物。

宋高宗的御医王继先大费周章地找到李清照，提出用三百两黄金购买赵明诚遗留下的文物古籍。战乱时期，三百两黄金足够李清照生活好长一段日子，但这些古籍是丈夫留给自己的遗物，也是她活在世上的唯一寄托。

因此，李清照婉拒了王继先的请求，毕竟相比无忧的生活，那些文物包含的回忆才是李清照最为看重的。但贪婪的王继先岂会放过这些价值连城的宝物。不久，王继先便略施手段将李清照告上衙门，在官官相护的乱世下，欲谋强抢。

李清照面临两个选择，一是依王继先之言，以三百两黄金的价格将古物出售，但她一身傲气，若是王继先好言相求或许她还会再三掂量，但这位御医却不择手段，她自然不愿割舍。于是，李清照就只剩下一个方法：求助亲朋。

李清照想起身在朝野的亲戚谢克，她欲借谢克之手上奏宋高宗以表冤情。想来，她写的奏折理应声情并茂，字字有理。但宋高宗对王继先无比信任，这次"收买风波"中也有意偏袒王继先，使李清照以败诉告终。可怜李清照空有一身文笔，为护文物据理力争，最终却不敌朝野的腐败。

事情并没有就此结束，随着李清照南下，社会上逐渐传来李清照"私通金人"的传闻。作为具有爱国情怀的女子，面对谣言是何等的心酸。据传李清照的作品中有赞许金国的意思，如此莫须有的罪名安在了她头上，实在让人愤愤不平。

迫于无奈的李清照为了证明自己的清白，不得不选择向朝廷进宝以示爱国之心。她明白，自己是无法保住这些文物了，与其让这些文物落入他人之手，不如将其献给朝廷，一来可以证明自己的清誉，二来也能使文物得以保全，实属两全其美。

然而，世事岂会如此完美。在南下的这段时间，李清照为了减轻负担，将赵明诚留下的两万卷古籍以及两千卷金石片寄存洪州，本想追上朝廷的队伍后让圣上自行派人取回，但金人的速度更快。金兵攻入洪州后，那些文物古籍被金兵掠夺一空。

多少年来，这名千古才女如同寒梅一般傲立于世，若不是那命运处处逼人，她亦不至于落魄至此。曾经让她骄傲的才情与文思此时如鸡肋一般，既不能卫国杀敌也无法自保，一身文才在这乱世当中又有何用。

最让李清照感到落寞的莫过于在西湖边的一个早上，一个十余岁的少女将她毕生的骄傲化作尘埃。在李清照稍稍稳定下来的时候，一个朋友带着一个十来岁的少女前来探望。李清照与好友寒暄几句后，发现少女浑身散发着一种难以言喻的灵气，看上去清秀脱俗、乖巧活泼，如同乱世中一朵含苞待放的青莲。

看着小女孩，李清照仿佛看到了幼年的自己。于是，李清照欲将自己毕生所学以及独特的文学见解传授给她。本来，对于当时乃至后世而言，如此机会是多么难得，然而少女的一句话却让李清照顿时如坠冰窖。

只听那名少女脱口说道："才藻非女子事也。"一时间，一股寒气直击李清照心头，想到自己多年来一直心怀国事，才气名震济南、汴京，但她的才情在旁人眼中却是如此多余。

人说童言无忌，可这句童言却对李清照的打击不小。她回想过去，那点点风光岁月也许在旁人看来只是一个不谙世事的女子所为，《词论》的立说和惊动文坛的诗词，说到底也不过是一个多余的女子写出的多余的词。

含泪送走了友人，李清照看着夕阳，命运夺走了她的一切，可她每次都奋力从挫败的泥潭中爬起。年幼时，她无忧无虑，命运却让相思夺走她的惬意；青州十年时，她生活恬静，命运却让离别夺走她的悠然自得；莱州生活时，她夫妻和睦，命运却让战乱夺走她的未来；沦落江宁时，她与夫君相依为命，命运却夺走她的夫君……如今，空余一身才情的李清照把生活完全寄托在《金石录》的撰写以及学术钻研中，命运却派了这么一个孩子，告诉她"才藻非女子事也"，将她生命中的最后一份寄托夺走了。

下笔便知天下事，一笔挥尽俗世情缘。李清照的文才无疑是整个宋王朝乃至历史上少有的，然而在她的时代里，那份才华斐然换来的也不过是空留一声叹息罢了。

梅开二度香更浓

逃亡的路是艰辛的，而没有目的地的逃亡让李清照以及宋朝的百姓感到绝望。没有人知道这趟流亡要去哪儿，也没有人知道这趟颠沛流离什么时候结束。

宋建炎四年（1130 年）末，宋高宗赵构发现随行的人越来越多，按这个速度很快就会被南侵的金兵追上。因此，赵构心一横便下令遣散百官，更不用说跟随在后的百姓了。

看着南宋的旗帜消失在前路，李清照深感迷茫。天地之大，难道没有自己的容身之所吗？如今整个中原都处于战火动荡之中，百姓流离失所，身为一国之君的赵构却一再南逃。曾经辽阔的宋朝大地已被金人占据了一半，宋朝百姓俨然已是亡国子民……

在这段时间里，李清照流浪至衢州、越州、温州等地，但每次都是尚未安顿下来便听闻金人来犯的消息，使她的身心饱受煎熬。于是，李清照写下这首《添字丑奴儿》以抒发心中的悲愤与孤苦。

添字丑奴儿

窗前谁种芭蕉树？阴满中庭。阴满中庭，叶叶心心，舒卷有余情。

伤心枕上三更雨，点滴霖霪。点滴霖霪，愁损北人，不惯起来听。

暂住在这小小的民房中，庭院的芭蕉树在战乱中依然挺立着，嫩黄的蕉心仿佛紧裹着什么。只是李清照没有闲心歌颂这些芭蕉，她和衣卧在床上，窗外的雨声与自己的悲苦之情缠绵交错。不经意间，泪流满面，湿了衣襟也湿了枕巾。

虽然，这般形势下能居有定所已是十分难得，但这毕竟是逃亡的生活，李清照只能遥望北方，空有一番惆怅。前路迷茫，无论多苦她都必须带着赵明诚的遗愿活下去，哪怕是饱受颠沛流离的苦痛愁思，承受着国破家亡的无奈哀伤，李清照的心中依然有一股强烈的信念，使她在这个充满苦难的天地间顽强挺立着。

然而，等待着李清照的岂止那国破家亡的苦难。她的手上仍保存着各种价值连城的文物，虽然在战乱中已丢失了大半，但在其他心怀不轨的人眼中，她依然私藏着无数连城珍宝。

经历了数次逃亡后，李清照辗转来到绍兴，并找到一户姓钟的读书人租借了一间民房。入住后，李清照将随身携带的文物置于床下，但李清照没有想到那些图谋不轨的人竟然如此贪婪，在某个夜里挖墙而入，盗走了床底下的五箱书画。发现书画被盗以后，李清照心急如焚，便公开重金悬赏寻物。最后却等来了钟姓房东带来的部分画卷，并领走了她的赏钱。

李清照后来得知，一切都是房东设下的陷阱，当她入住此地的时候，房东便对她携带的几个箱子图谋不轨，而床底下的隧道也是房东早早挖好，专门用于盗取他人财物之用。无奈的是，这位盗窃者已经把大部分的字画变卖，归还给李清照的只是少数珍品。李清照知道其中的猫腻，但一个流落异乡的寡妇，人生地不熟，只得就此作罢。

觊觎这些文物的并不仅是这些市井之人，就连此前与李清照对簿公堂的御医王继先亦对此念念不忘。于是，王继先又想了一个方法，这次他找到了时任右承奉郎的张汝舟帮忙。张汝舟得知王继先的阴谋后考虑了片刻，无奈他曾经私吞军饷，且落下把柄在王继先手中，为了不让东窗事发，张汝舟不得不答应了王继先的请求。

此时的李清照还不知道，在她身边不远处有一个巨大的阴谋正在酝酿着，而她便是阴谋的策划者王继先所要针对的对象。她的生活依然清苦艰难，年过半百的身躯也不如年轻时健康，各种小病小痛开始困扰着她，加上颠沛流离的生活使她渐渐失去了对生活的留恋。

试想一下，一个女人在这个如狼似虎的世道中流离失所，一方面要保全价值不菲的文物，另一方面要承受局势动荡下的压力。在李清照最为落魄的时候，一个自称是赵明诚老同学的人走进了她的生活，并且利用自身右承奉郎监诸军审计司的职务为李清照的生活带来了不少便利。

这个人便是王继先的合谋者——张汝舟。

通过他人介绍，张汝舟初次拜访了李清照，之后便一直对她关爱有加。自从赵明诚离世后，李清照一直过着颠沛流离的生活，尽管她才高过人，但失去了精神寄托的她一下子陷入了无助与孤独之中。

如今，能有一人带着关爱走进自己的生活，那黑暗中的点点暖阳让李清照的世界变得温暖。张汝舟出现以后，李清照的生活变得简单而平凡。虽然与之前的惬意悠闲无法比拟，但举步维艰的生活变得稍微舒适的时候，李清照对张汝舟的出现依然是心怀感激。

张汝舟开始频频向她示好，甜言蜜语让李清照找回了年轻时相爱的感觉，也许再嫁的念头便是在此时萌芽。要知道，封建社会里再嫁对于一个女人而言，代表着她的一生都必须面对无尽的嘲讽与冷眼。因此，不少女子在丧夫后不得不独守空房，在空虚与孤独中老去。

李清照自然与寻常女子不同，在年幼的时候她便展现出不屑世俗与礼仪的举动，而今她虽历尽风霜，却依然不愿屈从于世俗。在爱情的波涛下她甘愿与世俗的眼光对抗，决心再嫁。也许李清照在失去了丈夫后，心中是无比渴望稳定与幸福的生活的。在张汝舟的百般示好下，李清照以为寻得了人生中的第二个赵明诚，能为她的晚年构建一个幸福安定的小家。

然而，一心想要将自己交托给张汝舟的李清照又怎么知道，这个看似百依百顺的男子不过是一个卑鄙贪婪的小人。有人说，李清照最大的悲剧在于她的再婚，第二次婚姻为她接下来的悲剧人生揭开了序幕。

原来，所谓的浓情蜜意不过是王继先为了谋取李清照的文物而设下的阴谋，而张汝舟在得知李清照拥有大批珍贵的书籍字画后亦欣然答应了王继先的安排。一来只要他谋取了李清照的财产，他私吞军饷的事便可一笔勾销；二来他无比期待在财产得手后自己能够分一杯羹，况且娶得旷世才女也大大地满足了张汝舟的虚荣心。

李清照的二婚让不少亲朋好友及世人惊讶不已，毕竟在宋朝时女子再婚是不符合礼俗的。更重要的是她与赵明诚之间坚贞的爱情早已成为佳话，在赵明诚去世三年之后选择再婚的李清照无疑让许多人难以接受。

在乱世中，李清照恍如暴风雨下的一叶扁舟，在波涛汹涌的海浪中委曲求全。也许那时的她举步艰难方才再嫁，又或者在经历无数变故以后，突如其来的温暖让她重新感受到世间的善意……但可以肯定的是，李清照的再婚定是经过深思熟虑的，毕竟女子再婚需要付出极大的代价。

无论如何，在张汝舟的甜言蜜语下，李清照最终与他成婚。结婚以后，李清照的生活发生了翻天覆地的变化，她一生中最大的悲剧就此揭开了序幕……

所托非人泪阑干

    曾经有人在网上做过一个幸福感测试调查，调查结果得出人们幸福感最强烈的时刻是在期待的那一刻。是啊，对于美好的向往以及对幸福即将到来的期待感是世间最美好的。因此当现实的残酷落在我们身上的时候，那梦想与现实之间的落差感才如此之大。

    世人喜欢期盼，毕竟追逐美好是每个人与生俱来的，然而一次次的失落与伤害让人渐渐地不再幻想。也许正因如此，一颗依然充满幻想与纯真的赤子之心方才值得歌颂。

    李清照在面对世俗不怀好意的眼光时依然选择勇敢去爱。在与张汝舟成婚以后，李清照仿佛回到了从前，为了心中的男子而漠视一切礼仪世俗，期盼着自己全新的人生。

    只是天不遂人愿，一心期盼能够开始新生活的李清照却在婚后变得更加狼狈。随着日子的推移，她渐渐看清了张汝舟的真面目，他暴躁、刻薄，婚后的他丝毫没有当初谦谦君子的影子。张汝舟的态度逐渐变得恶劣，脾气暴躁时甚至还对李清照大打出手。

张汝舟本是为了李清照的财产而娶她，但婚后他发现李清照不仅没有将古物双手托出，反而对自己防范有加，好几次向李清照所要文物一同"品赏"都遭到了拒绝。后来，张汝舟发现李清照并不如自己想象中一般富裕，那仅剩的字画也难以满足张汝舟的胃口。

问世间情为何物，若是两情相爱时，情为世间美好之大成，若是一方心怀鬼胎，那么所谓的情与爱不过是一笔交易。张汝舟此时交易不成，却身陷在与李清照的婚姻之中，他越发懊恼，甚至迁怒于李清照。

因此，张汝舟心生一计，他开始经常虐待李清照，望有朝一日将她折磨致死后再继承文物。如此一来既可以发泄他心中的不甘，又能够轻易拿下剩余的文物。

可怜李清照在婚后水深火热的生活中受尽折磨。她以为对方倾慕自己的才华与学识方才苦苦追求，没想到此人并不是贪图她的名气也不是垂涎她的学识，他的目标正是自己手中的那些仅剩的收藏品。

李清照认清了张汝舟龌龊的目的与丑陋的面目后，并不打算顾影自怜、逆来顺受，而是果断地选择反击。李清照忍受着折磨，终于发现了张汝舟在朝野中利用欺瞒的方式获得官职等丑行，让她对这个卑鄙无耻的小人更觉厌恶。

于是，李清照找到一个适当的时机做了一件寻常女子想都不敢想的事情：只身上奏朝廷关于张汝舟的罪状，并且提出与其和离。李清照这个举动不仅让王继先、张汝舟等人感到无比诧异，就连朝廷上各大臣亦为之惊讶。毕竟数百年前的宋朝，只有男人可以凭借七出之条休妻，而女子不能随意提出离异。李清照却丝毫不理会世俗条例，与身败名裂相比她更加无法忍受委曲求全的屈辱，她以如此激烈的行动向世人展示她身为千古才女的尊严与高贵的人格。

的确，在二婚之初她被张汝舟的甜言蜜语冲昏了头脑，但得知自己受骗以后，她义无反顾地以玉石俱焚的方式与恶势力抗争到底。奈何当时的法律对妇女是如此刻薄，甚至以一种不讲理的态度剥削女子的权利。在宋朝法律中有这么一条：女子状告夫君并且离异者，必须经过严格的审查明确女子所言属实，若有虚言便处以重刑；若女子句句属实，作为原告者也必须服刑两年。

如果李清照要通过朝廷去告发张汝舟，就必须接受朝廷颁布的法律而服刑两年。在大是大非的人格尊严面前，李清照宁愿选择服刑也不愿与张汝舟此等小人为伍。不难看出，在经历了无数波折与创伤后，她依然没有被世俗磨去心中的傲气，她依然是那朵清浅而纯粹的青莲。

其实在李清照上奏之前她还有一个选择，便是求助于亲戚秦桧。李清照的母亲王氏与秦桧的发妻乃姑侄关系，而李清照与秦桧的妻子是青梅竹马的玩伴。

众所周知，秦桧作为宋高宗身边的第一红人，权力滔天的他要对付张汝舟易如反掌。然而，秦桧为人奸诈毒辣，不但施计陷害忠臣岳飞，而且徇私枉法，颠倒朝政。如此阴险小人，李清照自然不愿与他为伍，而是以与他同为亲戚为耻。

因此，为了早日摆脱噩梦，李清照在朝廷之上列举了张汝舟数条罪状，并且坚持不愿撤诉，最终，事情的走向如李清照所愿，二人双双入狱。张汝舟被免去了官职，贬至柳州。按照宋朝法律规定，若丈夫被流放远地，那么妻子便可以合法与丈夫离异，并且保全自身的财产。李清照在得偿所愿与张汝舟离异之后，也立即被收监关押。

一时间，南宋朝野与民间都开始传李清照状告丈夫的消息，比起这位千古才女二婚，这个消息在民间的传播力度更大，使李清照成为人人唾骂的对象。然而，仍有不少人同情李清照的遭遇，并且对其施予援手。在得知李清照为了保全人格入狱后，赵明诚的远房亲戚、翰林学士綦崇礼毅然求见宋高宗，代李清照说情陈冤，如此李清照在入狱九天后便被判无罪释放，重拾自由。

为了感激綦崇礼的侠义相助，李清照在出狱后特地写了一篇《投翰林学士綦崇礼启》，内容大意如下：

投内翰綦公（崇礼）启

李清照书：

我平素学习礼仪规矩，也明白些诗书礼节。近来因为生病，几乎是无药可医，症状已经到了牛蚁不分的程度，后事用的棺材的石灰和铁钉都准备好了。虽然尝药有弟弟李远代劳，看守门户有老仆人，却在仓促之间，造成了轻率的结果。我轻信了那厮（指张汝舟）如笙簧般的说辞，被他如锦绣般的言语所迷惑。弟弟太容易被欺骗了，有个官身的就相信了；自身几乎要死，择婿是何种人怎么知道？在急迫之间，再三犹豫之中答应了这门婚事。

我与这个人（指张汝舟）实在难以相处，我怎么会在自己的晚年，以清白之身，嫁给一个这么肮脏低劣的市井之徒。此身已经与这个臭不可闻的人在一起了，只希望早些脱身离去。因为金石收藏，我成了怀璧之身，张汝舟已经动了杀人夺宝之心。于是便肆意欺凌我，每天都对我进行殴打，可怜我像刘伶一样的身体，怎么能抵挡他如石勒一般的拳头。我要效仿谈娘（注：实为踏摇娘）控诉这等恶夫，不能像李赤那样甘心死于像厕所一样臭不可闻的这里。

这种家事很难得到别人的帮助，在这里我要讲述我受到何等的迫害，岂敢期待这点小事，能上达天听。由皇帝授意，让廷尉审判这件事。我戴着脚镣手铐与凶恶的张汝舟当堂对质。岂止是贾生羞于同绛灌为伍，不图老子遂与韩非同传。只祈求离开困境，不奢望得到补偿。与张汝舟这样的凶徒在一起一百天，只是天降其祸；我被关了九天，岂是人过的日子！用金子弹击鸟雀，利在何方；用头与玉璧同归于尽，得失怎么知道？就算我愚笨，但也清楚狱市乃是非之地。

幸亏遇到内翰綦公承圣上旨意，我得以脱离牢狱之灾，綦公出身于世家望族，是清流中的领袖人物，在京城那些达官贵人中也只有你为我申冤，也是第一个为我洗脱冤情的人。綦公的才华就像唐代的陆贽和李德裕，是专为皇帝起草诏书的肱骨大臣。我的苦衷无法表达，但对綦公的援手大恩是铭记于心的。綦公让我在晚年得以免去被录为囚籍，脱离牢狱之灾。

在这件事上，我李清照怎么敢不自我反省，为自己感到羞愧。从操守和理智上这事肯定要沦为后世人的笑柄，还因为这事败坏了我的道德和名声，让我没有脸面去见朝中的士大夫。虽有南山之竹，也写不尽对这件事谈论的言语，只有靠智者来为我辩白，才能止住那些没有根据的诽谤。那些俗夫难以企及高士的想法就像大雁与鹦燕，一个高飞在上，一个在下面滑翔；就像火鼠与冰蚕，难有相同的嗜好。这种道理连孩童也明白，各位达官贵人早就知道了。愿各位高士赐教，让我好洗刷耻辱。我发誓穿布衣食素菜，记住过去的教训。当我以新面貌再面对各位，依旧还是那个过食一钵饭和喝一碗水的李清照；重新回归隐士生活，更要沐浴薰香，郑重行事。我有幸是綦公的远亲，说了这么多希望没有冒犯到您。①

① 陈祖美.李清照诗词文选评［M］.上海：上海古籍出版社，2002.

再嫁，会对女子产生极其深厚的成见，更不用说状告丈夫并要求与其离异，李清照在当地引起了巨大的波澜。饱受非议的李清照其实早已想到这种后果，然而这个在漫天讥笑中依然坚持自我的女子让后人看到封建制度中那一股不愿妥协的清流。

也许，我们每个人一生中能够拥有一段真挚的爱情便已耗费了所有的运气，赵明诚离去后李清照便陷入了孤苦与磨难的泥潭之中。当希望出现的时候，她敢于顶着世俗的压力奋力争取，勇敢地爱；当她发现那不过是上苍一次不怀好意的捉弄时，她果断地挣开了束缚，决绝地离开。

此时的她像一叶扁舟，在命运的波涛中不断翻腾着，那颗敏感而柔弱的心在残酷的现实中变得血肉模糊。正如李清照在信中所说，经过了这次的打击，她的心彻底死了，再也不愿留在凡尘俗世中饱受磨难，她将回归到隐士的生活，与花鸟相伴度过余生。

只是，在这个兵荒马乱的世界里，真的有这样的一片净土存在吗？没有人知道答案，但李清照明白，世界上再也没有她的容身之地。她在这时能做的仅仅是寻觅，寻觅一个能够安放往日种种的乐天净土。

第七章

风住尘香花已尽

时光无情，未曾浅笑已苍老；转身回望，便是人间落寞时。人活一世，最大的敌人莫过于时间，任年少轻狂时如何不可一世，那飞逝的时光总会日复一日地消磨掉你的傲气，苍老你的身躯，让一切都化作尘土。

淡酒怎敌晚风急

　　宋绍兴三年（1133年），李清照经历了国破家亡与情感创伤以后，早已心身俱疲，只希望寻得一隅落脚之处度过余生。她的人生已没有丝毫希望，不想再寻得如意郎君，也不愿再提及胸中抱负，毕竟在这个摇摇欲坠的国家，她实在是看不到任何希望。

　　来到临安的她如行尸走肉，不知道前路在何方。也许是对情感的漠视，李清照此时开始留意国家的动向，当她得知当年赵明诚的兄弟赵思诚仕途得意，被宋高宗钦点为江洲太平观时，心中稍觉欣慰。不过后来想了想，经历再婚与离异的她不知是否还能被赵家人接受。

　　同年五月，宋高宗突发奇想，欲派人前往金国探望宋徽宗与宋钦宗，但此时金人攻势强劲，宋朝与金国的关系又是如此恶劣，哪怕是以朝贡为名，使者亦难免遭遇危险。因此，朝野之中竟无人愿意带队前往金国探望二帝。

说来可悲，十年前宋王朝问鼎中原的时候，金国不过是边境一个小小的部落，如今世道变了，连派遣一人前往金国都成了难事。正在此时，尚书吏部侍郎韩肖胄毛遂自荐，被宋高宗任命为金国军前奉表通问使，不日之内代表宋朝出访金国。

此行的危险人人皆知，但出于对大宋复兴的期盼，韩肖胄不顾个人安危毅然前往金国。临行前，李清照不禁为韩肖胄的壮举所感动，写下两首诗歌赠予韩肖胄，以作送行。

上枢密韩公、工部尚书胡公（并序）

绍兴癸丑五月，枢密韩公、工部尚书胡公使虏，通两宫也。有易安室者，父、祖皆出韩公门下，今家世沦替，子姓寒微，不敢望公之车尘。又贫病，但神明未衰落。见此大号令，不能忘言，作古、律诗各一章，以寄区区之意，以待采诗者云。

【其一】

三年夏六月，天子视朝久。

凝旒望南云，垂衣思北狩。

如闻帝若曰，岳牧与群后。

贤宁无半千，运已遇阳九。

勿勒燕然铭，勿种金城柳。

岂无纯孝臣，识此霜露悲？

何必羹舍肉，便可车载脂。

土地非所惜，玉帛如尘泥。

谁当可将命，币厚辞益卑？

四岳佥曰俞，臣下帝所知。

中朝第一人，春官有昌黎。

身为百夫特，行足万人师

嘉祐与建中，为政有皋夔。

匈奴畏王商，吐蕃尊子仪。

夷狄已破胆，将命公所宜。

公拜手稽首，受命白玉墀。

曰臣敢辞难，此亦何等时！

家人安足谋，妻子不必辞。

愿奉天地灵，愿奉宗庙威。

径持紫金诏，直入黄龙城。

单于定稽颡，侍子当来迎。

仁君方恃信，狂生休请缨。

或取犬马血，与结天日盟。

胡公清德人所难，谋同德协心志安。

脱衣已被汉恩暖，离歌不道易水寒。

皇天久阴后土湿，雨势未回风势急。

车声辚辚马萧萧，壮士懦夫俱感泣。

闾阎嫠妇亦何知，沥血投书干记室。

夷虏从来性虎狼，不虞预备庸何伤。

衷甲昔时闻楚幕，乘城前日记平凉。

葵丘践土非荒城，勿轻谈士弃儒生。

178

露布词成马犹倚，崤函关出鸡未鸣。

巧匠何曾弃樗栎？刍荛之言或有益。

不乞隋珠与和璧，只乞乡关新消息。

灵光虽在应萧萧，草中翁仲今何若？

遗氓岂尚种桑麻，残虏如闻保城郭。

嫠家父祖生齐鲁，位下名高人比数。

当时稷下纵谈时，犹记人挥汗成雨。

子孙南渡今几年，飘零遂与流人伍。

欲将血汗寄山河，去洒东山一抔土。

【其二】

想见皇华过二京，壶浆夹道万人迎。

连昌宫里桃应在，华萼楼前鹊定惊。

但说帝心怜赤子，须知天意念苍生。

圣君大信明知日，长乱何须在屡盟？

　　谁能想到，这名内心柔软的婉约女子能写出如此刚毅铁血的文字。字里行间无一不是对光复祖国的期盼与对投降派的批判。虽然，李清照一人发声难免人微言轻，但她的诗词在当时激励了无数爱国名将舍身救国，更是激发了百姓对收复失地的渴望。

　　国之所以为国，是因为它庞大而包容。李清照虽然在诗词中喷涌了心中的爱国之情，但说到底她不过是一个普通女子，在心系国事的背后，依旧有她悲凉凄苦的一面。

独居的生活让李清照尝尽了孤苦的滋味，这时的她不比独守空房时的少妇时代，那时的她心中仍有期盼，对丈夫的爱亦在思念中越发浓烈。而今丈夫已逝，那份无处安放的情愫只会引起心中的悲苦，种种悲惨往事在李清照的心中难以磨去，成为烙印在骨子里挥之不去的伤痛。

声声慢

寻寻觅觅，冷冷清清，凄凄惨惨戚戚。

乍暖还寒时候，最难将息。

三杯两盏淡酒，怎敌他、晚来风急。

雁过也，正伤心，却是旧时相识。

满地黄花堆积，憔悴损，如今有谁堪摘？

守着窗儿，独自怎生得黑？

梧桐更兼细雨，到黄昏、点点滴滴。

这次第、怎一个愁字了得！

回望一生，李清照有过无忧的童年，有过自由的成长环境，也有过甜蜜的爱情，然而晚年时却被战乱夺走了一切，曾经的家已不复存在，心中只觉空荡、冷清、悲惨。

恰是初秋，难道自己的命运正如悲秋一般不复生机了吗？身体越来越差的李清照独守空房，哪管窗外是瓢泼大雨还是晴空万里，这一切和自己有何关系？最爱的人已不在，国破家亡，留得这残躯又有何用呢？

李清照只好用酒精去麻醉自己，然而，这两三杯淡酒又怎么比得上悲秋的寒气呢？酒入愁肠不过使愁思更浓罢了，往日点点泛心头，喝过了淡酒，流过了热泪，此时又该怎么抵挡哀愁的侵袭呢？

傍晚的秋总让人感到无比凄美，偶尔三五大雁飞过引得李清照伤心不已。当年"雁字回时，月满西楼"的期盼与希望已在现实的残酷中破灭，看着大雁飞过，不知它是否也曾为李清照捎去当年的思念。

秋风飒爽，一夜间多少秋叶与黄花铺满地，想来那菊花已枯黄凋零，正如自己年过半百的人生不再绚烂，还有谁愿意与自己交谈？度日如年的李清照只能守着窗户，独自一人看着窗外飘落的秋叶，仿佛被时光遗忘了，不知什么时候才能等到黑夜来临，结束一天的孤独与哀愁。

傍晚时分，下起了蒙蒙细雨，雨滴落在梧桐叶上，发来阵阵声响，恍如有人敲打着树叶一般。听着雨声，李清照坐在空无一人的房间中，这种场景岂是一个"愁"字所能道明。

孤寂与清苦成为李清照晚年的唯一写照，经历无数波折与磨难的她定居临安，平日靠读书写字来打发时间。她大多数晚年的作品都是此时创作的，但大部分诗词在历代战乱中被销毁了。

此时，李清照的诗词创作能力达到了巅峰。也许正是她年幼时诗句的烂漫与晚年时诗句的凄清之间的巨大落差，使这段跌宕起伏的传奇人生如此隽永。

从年幼的"和羞走，倚门回首，却把青梅嗅"，到晚年的"人何处？连天衰草，望断归来路"，数十年间李清照经历了多少磨难与苦涩，那颗烂漫的心才变得千疮百孔；从"争渡争渡，惊起一滩鸥鹭"

到"寻寻觅觅，冷冷清清，凄凄惨惨戚戚"，又是多少次痛彻心扉换来的感悟。

宋绍兴四年（1134 年）正月，都城临安发生了一次火灾，引得当地居民误以为战事重燃，于是纷纷开始了逃难。同年十月，李清照亦不得已离开临安，前往金华投靠她的弟弟李迒。

浙江金华，是李清照人生中的最后一站，当时的她不知道，心中一直期盼的乐土原来就在金华……

苦中作乐谁人知

小时候总听长辈教导："好好读书，长大以后干一番大事业。"从小到大我们被灌输着一种生而为人，都是带着使命来到这个世界的观念。纵观世间，有的人为了爱情过上了跌宕而璀璨的一生，有的人穷一生之力为历史的发展而奋斗着，也有的人想要干一番大事业……

长大以后，在繁华的都市中拼搏，希望有朝一日能够出人头地，然而残酷的现实却告诉我们，成功的道路艰辛而漫长……那么，我们人生的意义是否只为了干一番事业而罔顾生命中那些美好的存在呢？

生命之所以美好且有分量，是因为我们有足够的时间去变成一个善良真挚的人，也有足够的时间去与那些美好的事物为伴。有人愿意花费一生光阴攀高庙之堂，有人愿意耗费余生去享山野之乐，多元的世界让每个不同的生命都有其自身存在的价值。

离开临安以后，李清照随着人们往金华方向走去。途径钓台时，她看到本来秀丽的江山，如今却被战乱摧残，心中很不是滋味，因此写下这首七绝《钓台》。

钓 台

巨舰只缘因利往，扁舟亦是为名来。

往来有愧先生德，特地通宵过钓台。

那一年，李清照在经过桐江时看见南岸伫立着两座秀美的山峰，细细看来在山峰的顶端各有一亭台，想来这便是东汉严子陵的隐居之处。当时天色已黑，李清照只能通过皎月的微光观赏钓台轮廓，山底下游走着大大小小的船只，应是金人大军压境，宋人派出船只用以支援前线或是运送物资。

李清照想到这里不禁叹气，这些匆匆忙忙的人何时才能如那两座大山一般恬静从容，何时能如严子陵先生一般高风亮节呢？

年末，李清照顺着富春江来到了金华，并且寄居在一户陈姓人家中。金华尚未受到战乱影响，因而定居在此的李清照度过了一段闲暇惬意的时光。她不再拘泥于江山社稷，毕竟多年过去，朝廷里一些主和派的大臣依旧当权，李清照对此无比失望，对那些为了逃亡而妻离子散的百姓更觉同情。但她知道自己无法改变什么，后来也不去多想，开始专心《金石录》的完善并享受人生剩余的时光。

李清照渐渐从阴霾中走出，她重拾年幼时的乐趣，平日煮茶读书，偶尔与邻里一同在暖阳下玩棋牌，日子过得倒是颇为惬意。在这期间，李清照整理编写了一套《打马图经》，并写下了一篇脍炙人口的书序《打马赋》，其中部分内容交代了她初到金华后的情况。

"今年冬十月朔，闻淮上警报，江浙之人，自东走西，自南走北，居山林者谋入城市，居城市者谋入山林，旁午络绎，莫卜所之。易安居士亦自临安溯流，涉严滩之险，抵金华，卜居陈氏之第。乍释舟楫而见轩窗，意颇适然，更长烛明，奈此良夜乎？于是博弈之事讲矣。"

李清照所记录的便是宋绍兴四年（1134 年）从临安逃亡至金华一事。在投靠金华的弟弟李迒后，她暂住在一户陈姓人家中，闲暇时经常与李迒一家打马棋，仿佛回到了无忧无虑的少女时代。

据说，金华当地十分流行打马棋，而李清照又酷爱此道，因此她在玩乐间写下了《打马图经》与《打马赋》，流传至今。完成这部游艺著作后，李清照除了将这两本著作赠予子侄辈学习之外，更通过这部作品让后人知道命辞打马的玩法是由李清照开始的。

"予独爱依经马，因取其赏罚互度，每事作数语，随事附见，使儿辈图之。不独施之博徒，实足贻诸好事。使千万世后知命辞打马，始自易安居士也。时绍兴四年十一月二十四日，易安室序。"

在这段悠闲的时光里，李清照仿佛回到了童年的欢乐时光，有限的交际与生活圈子让她的日子变得简单纯粹。每日将精神寄托在诗书、侍弄花草及打马玩乐中，悠然自得的生活让她暂时忘记了曾经的悲苦与凄凉。

一直以来，唐宋文人大多给我们一种严肃正经的感觉，从他们的作品中我们读出了怀才不遇的无奈、意气风发的得意，甚至读出了情景交融的昔日写照，但如李清照一般真挚的词句可以说是屈指可数。

试问古今哪位文人曾写下："予性喜博，凡所谓博者皆耽之，昼夜每忘寝食。但平生随多寡未尝不进者何？精而已"的话语，唯独李清照通过诗词将自己无论好坏的一面全盘托出。

李清照的文字让人感到一种无比真挚的情愫，无论是年幼时的"惊起一滩鸥鹭"，还是少妇时代的"生怕离怀别苦"，甚至在晚期作品中的"寻寻觅觅，冷冷清清，凄凄惨惨戚戚"等诗句中均饱含那直击人心的真挚之情。

在金华的这段时期，李清照开始放下自己的抱负与思念，在平凡的生活中寻找乐趣。此时的她已经过了知天命的岁数，而未来的迷茫依然萦绕在她心中。但她没有多想未来的事，只一心过好当下的生活。

在整合打马图经的过程中，李清照将打马游戏与国家政治相结合。她将棋盘中的重要位置设置成"函谷关""玉门关"等称呼，并且以棋子作马，每一局棋都象征着驰骋沙场的将军们在调兵遣将，而李清照也乐在其中享受"总统帅"的过程。

李清照身为女子，却胸怀宏图大志，自幼熟读诗书的她才华洋溢，却无法驰骋沙场、保家卫国。她的际遇与南宋爱国词人辛弃疾有相似之处，不同的是辛弃疾身为九尺男儿一心卫国杀敌，可生不逢时的他活在了求和派统治的朝野中，空有一番热血却没有用武之地。最终，辛弃疾以词托志，写下"醉里挑灯看剑，梦回吹角连营"的千古名句。

李清照此时亦有"醉里挑灯看剑"的意境，空有一番才情却只能隐居金华，在棋盘中调兵遣将，以"纸上谈兵"的方式寄托自己的热血与抱负。偶然一局玩罢，李清照带着胜利的喜悦遥望天际，幻想着大获全胜在北方得以实现的情景。

有人说，世界上有两种人最爱笑，一是纯真的孩子，他们可以无忧无虑地感受世间的种种美好，每次小小的发现在他们眼中都是一个全新的世界；另一种是沧桑的人，他们历尽风霜饱受颠沛，见惯了人情冷暖，所以他们从不轻易展示自己那颗千疮百孔的心，只以微笑去尝试着"讨好"世界，以卑微却悲壮的姿态走完一生。

无疑，李清照此时属于后者，在人人自危的世界里学会了苦中作乐……

费尽心血的《金石录》

经典之所以能流传千古，是因为我们能从中寻找到人类共通的情感；英雄之所以能扬名，则是因为那传奇的一生充满了令人为之动容的经历。李清照毕生创作的诗词虽然艺术手法高超，但真正让它们流传千古的是其浓缩的女子的无奈以及战乱中平民百姓的悲惨遭遇。

转眼间，焦躁的夏日来到金华这座城市。某天清晨，李清照如往常一般到集市买菜，正当她走出门外，突然一群身穿官服的人来到李清照借宿的陈氏家里。看到官兵成群走来，陈氏一家立马慌张起来，他们认出人群里的金华县令。只见县令微缩着身子，丝毫不见平日的威严，这让陈氏一家感到更加慌张。

毕竟，在战乱时，官员逼迫平民是常见的事，但这行人要找的并不是陈氏一家，而是李清照。陈家人并不知道小住在他们家中的这位夫人便是大名鼎鼎的李清照，只以为她是因战乱漂泊至此的寻常女子，因此也没有将李清照供出去。

直到李清照回来才知道官府在追寻她的行踪。虽然她对官府有所避讳，但她不愿连累陈家，于是便公开了自己的身份，并接过了官府留下的公文。

原来，官府此次前来是希望能够追回她身上那本《哲宗实录》。这本《哲宗实录》在宋徽宗时期便开始修撰，主要用于记录当时的宫廷史事，属于非常重要的史实书籍。但由于战乱，留在汴京的许多文献和档案均在战火中损毁，当年的部分史实记录变得有所空缺。

恰逢有人告知宋高宗，当年赵挺之曾派人抄写过一个临摹本，因此朝廷便派人寻找赵家的后人追问副本的下落。李清照得知原委后，取出《哲宗实录》的临摹本。李清照一直将这本《哲宗实录》贴身携带，视若珍宝。这本书籍对于当朝而言具有极其重要的价值，对于后世而言也是一本重要的史实文物。

如今，朝廷发文欲追回《哲宗实录》，这让李清照有所为难。要知道，私自撰写皇帝实录乃是死罪。而当年赵挺之位居丞相时，不知为何利用职务之便私藏实录，若是朝廷翻旧账追究的话，恐怕自己也难免受害。

但私藏《哲宗实录》乃赵挺之所为，如今他已过世多年，想来朝廷应该不会再追究。关于北宋期间的大部分史实资料丢失，若自己献上《哲宗实录》，可让这本重要的史实资料得以保存。既然《哲宗实录》在自己身上的事已被他人发现，何不如实上缴，听从命运的安排。

当晚，李清照便将所有家当收拾完整并与陈氏一家道别，随后寻得金华知县与临安派来的使者一同返回临安。重回旧地对李清照而言是哀怨的，在这里她失去了太多，若不是怕资料在途中出现差错，她也不愿随使者回到临安。

金国与宋朝经过多年战争后，进入了暂时停息的阶段。战火的硝烟退去后，临安城内恢复了昔日繁荣的景象，那熙熙攘攘的人群让李清照仿佛回到年幼时的汴京。不过她心中无比清楚，这里并非幼年时流连忘返的乐土，眼前的一片繁荣不过是苟延残喘。

表面上，定居金华多年的李清照度过了一段惬意悠闲的生活，但她心中是否依然为了过去的苦难而愁思万千？而我们能够从史籍中得知的是，在经历国破家亡后，她没有忘记替夫君赵明诚完成费尽一生心血的著作。

在金华居住的日子里，李清照时刻不忘继续撰写《金石录》，偶尔触及夫妻同行发掘的金石碑以及古物时，难免想起当年郎情妾意的时光，怀念与悲伤便肆意袭来。

然而，无论如何艰苦，李清照依然坚持撰写《金石录》。来到临安上交了《哲宗实录》后，她决定在临安小住一段时间，完成《金石录》剩余的部分。经历归还《哲宗实录》的事件以后，她明白自己做的是造福后世的事，是功在当代利在千秋的举动。

于是，埋头书案的李清照鲜少出门，年过半百的她很希望在有生之年完成这部巨作。在整理的过程中，她仿佛重新经历了自己的人生，从夫妻二人典押衣物购买文物字画到后来四处游走收集款识，每个条目都让她恍如回到当初的美好时光。

《金石录》对后世的学科研究起到极大的作用，它与欧阳修所著《集古录》相仿，记录了赵明诚与李清照在三十多年来所搜集的文物与金石拓本，两千多种文物的记载让《金石录》成为当时绝无仅有的金石学经典。

经过多年断断续续的记录，李清照终于将赵明诚的遗稿整理校对完毕，并在正文后增补"后序"。这部流传百世的《金石录》终于在二人合力之下诞生。李清照亲手在《金石录》的封面处写道：《金石录》（三十卷）宋秘阁修撰，知湖州事，东武赵明诚撰。

修撰完成后，李清照遥望苍穹，想必赵明诚泉下有知，一定会感到欣慰。念及于此，李清照布置了一桌佳肴美酒，在明月当空的庭院中端起酒杯，对月泣道："明诚，想我们夫妻数十年如一日地为金石学而努力，如今《金石录》已经完成，你可以放心了……"

那天晚上，李清照酩酊大醉，也许是《金石录》的完成让她感到如释重负，也许是在明月的皎洁中她念起了旧人……李清照打算将《金石录》上交朝廷，为华夏文化做出一份贡献。

六年后，李清照将《金石录》上呈朝廷。至于为什么选择在《金石录》出版六年后才上交朝廷，众说纷纭，传播度较高的说法是上交那一年恰逢赵明诚六十岁诞辰，也是赵明诚离世十周年，为了缅怀与赵明诚刻骨铭心的爱情，她选择在这一年上交这部倾注了夫妻无数心血的著作。

人生如梦，李清照在这场梦中已经走到了后半段，幸运的是上苍赐予了她一身才情，让她在冰冷的世间记录下一生中的点点温情。《金石录》不仅是一部专业古籍，同时也是李清照一生的自传。

年年岁岁花相似

经历了国破家亡的李清照在完成《金石录》后，开始了新的生活。也许，李清照也曾想过在临安或是金华寻得一方净土，在花草鱼虫的陪伴中度过余生。

但现实往往不如人意，无须再埋头书案的李清照并没有在花鸟鱼虫中寻得乐趣，大量闲暇的时光反而让她无所适从。偶尔能找得三五邻里打打牌便是她一天中最热闹的时刻，然而每当夜深人静时便会感到寂寥与孤清。

如果说，年幼时曾经目空一切的李清照自比为暗香芬芳的桂花，那么此时的她恐怕更爱清雅坚韧的寒梅。在她晚年的岁月中曾写过一首《清平乐》，将自己的一生与寒梅绽放的一季相对比。

清平乐

年年雪里，常插梅花醉。挪尽梅花无好意，赢得满衣清泪。

今年海角天涯，萧萧两鬓生华。看取晚来风势，故应难看梅花。

宋朝女子有一个习俗：在冬天赏梅时需折得一朵梅花，插在云鬓上。李清照早年也喜欢"云鬓斜簪，徒要教郎比并看"，那时丈夫在旁，悉心装扮是必要的。出仕后，二人聚少离多，偶尔折得梅花亦无心赏玩，只是漫不经心地揉搓着，不经意间泪水就沾湿了衣襟。

步入晚年的李清照已华发丛生，她一个人在孤清的房间里赏梅，遥望当年二人厮守的地方，不由得叹气连连。此时的她连折梅枝的想法都没有，只是感叹风雨骤来，恐怕明日早上便再也看不到梅花绚烂的姿态了吧。

如今兵荒马乱，自己华发斑斑，想来这辈子再没有重新绽放的一天。想着想着，李清照缓缓转身，走进黑暗的房间里，在皎洁的月光中留下一个落寞的背影。

不经意间，又是一年元宵节。连续几年战火的压抑后，今年的元宵节在百姓看来尤其隆重。而南宋的君臣与群众均融入节日的欢愉之中，热闹的乐队在御道上巡演着，唢呐与铜锣声响使整条御道热闹非凡，围在一旁的百姓们纷纷呐喊助威。在御道尽头的宫殿城楼上，宋高宗把一切繁荣景象尽收眼底，无比欣喜。

如此热闹的情景在李清照及部分文人眼中实属荒唐至极。如今国难当前，国土被外族侵占一半有余，北定中原依然遥遥无期。而君臣居然还有心思沉迷玩乐，不顾朝政，这让一众爱国人士不由得心生感叹。

林升的七绝《题临安邸》中阐述的情感无比贴近李清照此时的心情："山外青山楼外楼，西湖歌舞几时休，暖风熏得游人醉，直把杭州作汴州。"要知道，如今的临安虽稍稍恢复了繁荣，但不过是江南富饶所支撑的假象，若是金人来犯，这片繁荣盛世依然难逃厄运。

这幕繁华的假象刺痛了李清照的心，她不由得想起在汴京度过的欢庆佳节。曾经的北宋也是十分辉煌，统治者沉醉在歌舞升平的世界里，百姓也安于现状。然而，多少美梦在这场战乱中破灭，无数百姓因为战争而一无所有。此时，人们为佳节而欢腾，仿佛完全忘却了不久前的灾难，这让她痛心不已。

据《大宋宣和遗事》记载："宣和六年正月十四日夜，京师民有似云浪，尽头上带着玉梅、雪柳、闹娥儿，直到鳌山看灯。"但这个看似繁荣昌盛的国度却不堪一击，最终落得半壁江山尽毁。

作为一个封建王朝中的女子，她不能上朝进谏，也无法影响国家发展，她只能把心中的愤慨与想法写在诗词中，以安抚自己。

永遇乐

> 落日熔金，暮云合璧，人在何处？
> 染柳烟浓，吹梅笛怨，春意知几许。
> 元宵佳节，融和天气，次第岂无风雨。
> 来相召、香车宝马，谢他酒朋诗侣。
> 中州盛日，闺门多暇，记得偏重三五。
> 铺翠冠儿，捻金雪柳，簇带争济楚。
> 如今憔悴，风鬟霜鬓，怕见夜间出去。
> 不如向，帘儿底下，听人笑语。

夕阳西下，恍如金光一般普照大地，天色与暮云相得益彰，远远看去仿佛金边碧玉一般壮观。然而，在如此壮丽的景色下，李清照没有丝毫欣喜，只感到些许茫然，究竟自己身在何处，何以眼前的风光竟与当年一样华丽？这繁华背后是否隐藏着让万千百姓流离失所的结局？

此时，街头的人潮已经汹涌起来，而绿柳在熙熙攘攘中也更显绿意。吹一曲竹笛，那哀怨的笛声与眼前的繁华相比显得更加真实，只是那小小的笛声又怎么能掩盖春天的生机呢？这红花绿草定是世间无情物，如今国土沦陷，它们竟然绽放得如此灿烂，引得王侯布衣纷纷为了这生机勃勃的季节而欢乐着。

看着人来人往，李清照才想起原来今天是元宵佳节，毕竟在一个人的世界里，元宵佳节与寻常日子有何不同呢？初春的暖阳过后，是否又会骤降暴雨呢？就好像本是无比繁华的汴京不也是突然迎来了一阵凄风苦雨冲散了人们的安定吗？

不多时，李清照的邻里与好友结伴到家中邀约，他们坐着华丽的马车，身穿锦绣丝绸，再看自己一身布衣又如何与她们相衬。李清照只能婉言相拒，经历了那么多苦痛的她再也没有这份闲心与好友们一起喧闹。

待朋友离开后，李清照回到自己的房间。多年的颠沛流离，让她早已经习惯孤独与清冷，并且开始熟悉这种孤寂。对她而言，与其离开自己熟悉的地方，倒不如在此默默地度过余生。

渐渐地，窗外开始喧闹起来，李清照独自留在家中，想起当年在汴京时的繁盛岁月，年幼的她最期待的便是正月十五这一天。

那时，她带着翡翠帽子，在盛装打扮的人群中穿梭，无忧无虑，悠然自得。当她看到街头上的杂技时，自己可以笑上半天，看到一旁摆摊上心仪的小饰品时，她便学着大人一般挑选，哪怕幼时的她身无分文……

如今，李清照已年过半百，那蓬松的华发早已无心打理，也不喜欢走夜路，因为灯火辉煌会让她想起那些曾经充满惊慌的夜晚。最绚烂的时光已经逝去，不如独自在帘幕底下听他人的欢声笑语吧。

夜阑静，可喧嚣依然未绝。李清照躲在房间里，国破家亡让她无法感受那热烈的气氛，看着窗外的热闹景象，她仿佛与世隔绝一般躲在黑暗的角落。

如今这个热闹而喧哗的世界已不属于她，而她自有归途……

梦回溪亭，一场破碎的梦

　　时光无情，未曾浅笑已苍老，转身回望，便是人间落寞时。人活一世，最大的敌人莫过于时间，那是一场没有胜算的战役。任年少轻狂时如何不可一世，那飞逝的时光总会日复一日地消磨掉你的傲气，苍老你的身躯，让一切都化作尘土。

　　死亡，是每个人都无法逃避的结局，无论是王侯将相还是平民布衣，他们始终需要面临这一结局。恰如李清照在诗句中所写的一样：花自飘零水自流。

　　年近古稀的李清照也许已经感受到生命的尽头在向她逼近。日渐孱弱的身躯与渐行渐远的时代让她对世间没有了丝毫的留恋。回想一生，生于官宦世家，有着自由、欢乐的童年；与赵明诚相伴多年，虽有过争吵与感情破裂，但二人依旧相伴。

　　若不是战火蔓延，李清照依然在平凡的生活中感受着点滴的温存，她的晚年也不至于像如今一般落寞孤独。生活中从来都没有如果，虽然深夜中的无数次叹息早已随风飘散，可那烙印于心的苦痛却一直伴随着李清照走到人生的尽头。

李清照晚年的创作量颇大，有人说最能代表她后半生颠沛流离的诗句应是她笔下的《声声慢》。"寻寻觅觅，冷冷清清，凄凄惨惨戚戚"这些叠词将她心中重叠交错的哀怨展现得淋漓尽致，让人难以看清她心中的愁结。

然而，在她的晚年还有另外一首词，在深沉忧郁的字里行间将她晚年孤苦无助的忧愁借助暮春的景色全盘托出。每每读罢，脑海中均能浮现一幅悲凉的画面：一名老妪轻捧着曾经视若珍宝的手稿，缓缓地望向窗外的景色，沟壑纵横的脸上划过两道泪痕……

武陵春·春晚

风住尘香花已尽，日晚倦梳头。物是人非事事休，欲语泪先流。

闻说双溪春尚好，也拟泛轻舟，只恐双溪舴艋舟，载不动，许多愁。

风雨停歇，窗外一片死寂，再也没有丝毫声响从屋外传来。枝头上的繁花已经悉数凋落，只剩下光秃秃的树枝，看上去没有一丝生机。李清照躺在床上，看着窗外的景色，仿佛感受到丈夫离世前那深邃的眼神中包含的不舍。

也许只有即将失去的时候才懂得珍惜身边的一切，可惜曾经的繁花绿叶在风雨过后已凋落殆尽，曾经的一抹人生的艳丽只能在回忆中重现。如今，房间里依然是当年在青州时的摆设，可与自己相伴的夫君已经逝去，曾经繁荣昌盛的国家也摇摇欲坠，每每说到此事时，李清照总是禁不住愁思汹涌，泪流满面。

据说双溪依然春光盎然，是值得游览之地，不妨前往泛舟一游。如今孤身一人，国家又危机四伏，恐怕那小小的扁舟也无法载动心中的愁绪。

有人说，李清照的晚年在金华度过，因她的弟弟李迒定居金华，若是有弟弟一家陪伴，她的晚年应不至于十分孤寂。但也有人认为她在上表《金石录》后便一直定居临安，直至终老。

宋绍兴二十五年（1155 年），李清照在孤独与哀愁中永远闭上了眼睛。① 也许在弥留之时，她会看着桌上那一抹忽明忽暗的烛光而流泪；也许她会手捧着赵明诚留下的遗物，期待着夫妻重逢；也许她只是看着空空的房间，不曾言语……

时间还是带走了这个命运坎坷的千古才女，同时也带走了她的爱与恨、愁与哀。她还有太多的爱没来得及付出，太多的愁没来得及消除，她的寂寞与孤苦从来没有人懂，她的追求和期待终究随着时光的流逝而埋入黄土。

她走了，却为世人留下"知否，知否？应是绿肥红瘦"的娇艳烂漫，留下"云鬓斜簪，徒要教郎比并看"的少女情怀。

是她，将相思漫上心头，写下了"此情无计可消除，才下眉头，却下心头"的千古绝句；是她，以"生当作人杰，死亦为鬼雄"的铁血诗词告诉世人，女子当不让须眉。

如果没有这位千古才女，那么华夏文学史上一定少了一抹惊艳的色彩；如果没有"寻寻觅觅，冷冷清清，凄凄惨惨戚戚"的凄苦，没有"物是人非事事休，欲语泪先流"的哀愁，那么又有谁来为封建时代那些悲苦一生的女性发声呢？

---

① 据后世史学推测，李清照卒于 1151 年至 1155 年之间，此处采用 1155 年一说。

对于个人而言，肉体的消亡是必经的过程。幸运的是，李清照在经历了半生孤苦后，她的情感、灵魂以及精神都在后世绽放出绚丽的光彩。当后人品读她的诗词时，那真挚且灵动的词句在每个人的心中继续流传。

我想，这就是艺术的魅力，同时也是李清照本人的魅力。她的一生恰如泰戈尔的诗句一般：生如夏花之绚烂，死如秋叶之静美。那安静地躺在时光洪流中的词与句让后世每一个经过的人都能拿来品读，并且从中感受来自八百多年前的那份情愫。

李清照在整个华夏文学史上闪烁着耀眼的光芒。自宋朝以来，多少文人笔下都蕴含着李清照那隽永且脱俗的味道，这位千古女子的作品一直是读者品诗咏词的热门选择之一。

回望过去，无数爱国忠臣感慨山河破碎时，我们没有忘记那个对命运无能为力却一直心系社稷的女子；当我们从诗词中读得华夏数千年的大好河山时，是否会想起那个风雨飘摇的夜晚，那些吹落满地的海棠？当我们从前朝瑰宝中寻得内心最热血沸腾的瞬间时，脑海中是否会浮现"生当作人杰，死亦为鬼雄"的千古名句呢？

李清照一生为文学所做的贡献早已与中华五千年的文学紧密相连，亦是文学史上的一个惊叹号。我们何其幸运，能够在品读文学的同时与这份隽永的诗心相伴，触碰她在这个世界上留下的种种色彩。

也许在未来，人们在谈及往昔古诗词文化时依然能够记得这位婉约词宗的大名——李清照。

附录 1:

李清照名词赏析（十三首）

才高八斗，倾倒凡尘素衣，嫣然一挥笔，便误将传奇轻踏。可笑俗世多少贪功求名之士，终不过虚耗光阴，到头来竟不如小小女子，误泼浓墨旖旎了芬芳，赢得芳名万世。

【其一】

摊破浣溪沙

揉破黄金万点轻，剪成碧玉叶层层。风度精神如彦辅，大鲜明。
梅蕊重重何俗甚，丁香千结苦粗生。熏透愁人千里梦，却无情。

【赏析】

这是一首咏桂花词。咏花而志不在花，只是借花形、花态、花性引出词人心中的万千感慨。

上片写桂花质地之美。"揉破黄金万点轻，剪成碧玉叶层层"，万点桂花如揉破的黄金灿烂夺目，绿叶如碧玉剪成般重重叠叠，写出了桂花的金玉之质。笔触深刻自然、贴切生动。"轻"与"重"相对，黄金无疑是重的，但能揉而破之化为飞入翠叶丛中的万点黄花，不论在事实上还是感觉上都是轻柔的。"风度精神如彦辅，大鲜明"，它的风度精神如晋代名士一样神姿朗彻，个性鲜明，从花到人、由此及彼，既把如金玉般的桂花点活了，也把彦辅的风度精神点活了。

下片以梅与丁香做比较，衬托桂花的高雅。"梅蕊重重何俗甚，丁香千结苦粗生"，词中写梅花只注重外形，它那重重叠叠的花瓣儿，像一个只会打扮的女子令人感到俗气；而丁香花簇簇拥结在一起则显得小气、不舒展。明贬梅与丁香的"粗""俗"，暗誉丹桂之"清""雅"，以达到更加鲜明主题的目的。"熏透愁人千里梦，却无情"，指桂花的浓香把李清照从怀念故人和过去的梦中熏醒，不让她怀念过去，问桂花这是否太无情？离人千里外，相思不得见，只求一梦解愁，却被郁郁花香扰，"我"是如此执着地倾心于你，你却惊扰了"我"的好梦，怨你太无情。言外之意，没有人能读懂"我"此时此刻的心。

全词运用比喻、拟人等多重手法，描写了桂花的神韵和高雅，以平实的语言借花抒情，成就了此篇回味无穷的小调。

【其二】

渔家傲

雪里已知春信至，寒梅点缀琼枝腻。香脸半开娇旖旎。当庭际，玉人浴出新妆洗。

造化可能偏有意，故教明月玲珑地。共赏金尊沉绿蚁。莫辞醉，此花不与群花比。

【赏析】

这是一首咏梅词，全词抓住寒梅的特征，以梅花、月光、酒樽织成了一幅唯美的画，运用比喻、拟人、想象对梅花进行刻画，赞颂梅花的形象美、神态美与品格美。写梅即写人，赏梅亦是自赏。

上片写梅花开于冬春之交。在银色的世界里，人们感知到春天的讯息。"寒梅点缀琼枝腻"，李清照见院外一树寒梅点缀其间，覆雪悬冰的梅枝晶莹剔透，枝头的梅花，丰润姣美。梅花含苞初绽，芳气袭人，初春的梅花最能惊醒人们的时间意识，使人们萌生新的希望，因此梅花被认为是报春之花。因为梅花斗雪迎寒而开，词人咏梅时就总以冰雪作为空间背景，并用"玉人浴出新妆洗"形容梅花将开未开时的轻盈娇美，用玉人出浴形容梅的玉洁冰清、明艳出群，梅已和人融为一体。

下片写月下赏梅。"造化可能偏有意，故教明月玲珑地"，李清照认为大自然有心偏爱娇艳的梅花，才让皎洁的月光作陪。"共赏金尊沉绿蚁"，这样的美景良宵，应该与好友品酒赏梅，花前共醉，要知道，群花竞艳之时，梅花已悄然而去。词人认为梅花最宜在月下观赏，月色玲珑剔透，使暗香浮动，疏影横斜，抒发了赏梅情怀。

先写月夜饮酒，表现赏梅的豪情逸致；再用"此花不与群花比"结句，既赞美了梅花孤高傲寒的品格，又表现了词人鄙弃世俗的坦荡胸怀。

全词移情于物，以景传情，意中有景，景中寄意，色调和谐亮丽，语言清新自然，词境空灵优美，如梦如幻，令人心怡。

【其三】

满庭芳

小阁藏春，闲窗锁昼，画堂无限深幽。篆香烧尽，日影下帘钩。手种江梅渐好，又何必临水登楼。无人到，寂寥浑似，何逊在扬州。

从来知韵胜，难堪雨藉，不耐风揉。更谁家横笛，吹动浓愁。莫恨香消雪减，须信道、扫迹情留。难言处，良宵淡月，疏影尚风流。

【赏析】

这是一首咏梅词，词人以残梅自比，映射当时的生活和感情状况，借梅花的清瘦高雅，表露自己孤高清傲的性格。

上片由人及梅，暗示自己与残梅精神的契合。前五句描景：在阁楼中好似春天一般，不常用的窗子将白昼隔在外面，走在画廊里，觉得十分深幽。篆香烧尽了，日影移上帘箔时，才发现黄昏将近。李清照喜爱梅花，所种的江梅渐已长好，她不禁发出疑问，为什么一定要临水登楼、赏玩风月而荒废时光呢？许久没有人和她谈话聊天，在这样寂寥的环境里独自面对梅花，就好像当年何逊在扬州对花彷徨一般。这里明写闺阁幽深，暗写词人自己，用"藏""锁""深幽"写出心境的郁塞；从"锁昼"到"日影下"，说明深闺闭锁时间之长。后来，词人终因忍受不了寂寞，下楼来到庭院观赏"江梅"，顿生欣喜之情。为突出对"江梅渐好"的赞赏和留恋，甚至让人没必要再"临水登楼"，但这只是自己的一厢情愿，因为刹那的欣喜之后，就发现"江梅"和自己一样处于"寂寥"中。

下片表达对残梅的慨叹。先写梅花色泽美艳，虽不像别的花那么畏惧霜雪，但毕竟娇弱，难以禁受寒风冷雨的摧残。不知是谁吹起了横笛曲《梅花落》，吹动了词人的愁绪。接着写落花似雪，不要怨恨暗香消失，要相信，虽然梅花踪迹难寻，但它的情意长留。李清照心事难言，无处诉说，期待有一个美好的夜晚，淡淡的月光投在梅枝上，横斜出优美的姿影，从姿影里显示出梅花的俊俏风流。

词人首先同情梅花虽然优雅美好，超出了群花，但它也是娇弱的，不如苍松翠柏耐风雨，更听不得《梅花落》之类的笛曲。接着惋惜残梅凋零、"香消雪减"，终逃不出被"扫迹"的命运，伤春伤己之情立生。最后是安慰，梅终究是梅，韵胜格高之花，即使凋残，其风流高雅的气质仍在，此刻明显有词人自我慰藉之感。

全词语言轻巧淡雅，格调低沉谐美，词意深婉曲折，抒情色彩十分浓厚，达到了意境和谐、情景交融的程度，堪称宋人咏物词中的佳作。

【其四】

菩萨蛮

归鸿声断残云碧，背窗雪落炉烟直。烛底凤钗明，钗头人胜轻。角声催晓漏，曙色回牛斗。春意看花难，西风留旧寒。

【赏析】

这是一首思乡词。靖康之变后，词人随丈夫南渡，在异乡过人日（正月初七）时，因目睹山河破碎有感而发，抒发了客居外地、有家难归的惆怅情怀。

上片写黄昏时的景象。南归大雁的鸣声消失了，天上只留下几朵碧云。窗外大雪纷飞，室内炉烟直上。在烛光的映照下，头上的凤钗格外明亮，凤钗上的装饰显得十分轻巧。"归鸿声断"是写听觉，"残云碧"是写视觉，词人以声音与颜色渲染了一个凄清冷落的环境气氛。此时，窗外飘起雪花，室内燃着香炉。雪花与香烟内外映衬，给人以静而美的印象。然而"炉烟"下着一"直"字，似乎室内空气完全静止了，让人感到一丝压抑。接连两句是形容服饰，一个"明"字和一个"轻"字，看似愉快，却给人哀愁的感觉。

下片写拂晓时的景象。角声催开了晨幕，天光破晓，星星渐渐隐去。报春的花儿已经开了。只是西风还盛，寒意未退。首句一个"催"字，用得十分生动。听了一夜的角声，证明李清照彻夜未眠，破晓时分，阳光明媚，她猜测报春的梅花应该开了。从"残云碧"到"凤钗明"再到"曙色回牛斗"，既表明空间从辽阔的天宇到狭小的居室再至枕边，也说明时间从薄暮到深夜再至天明。接着说"春意看花难"，为什么难呢？因为"西风留旧寒"，人之憔悴，心之凄凉，一下子表现出来。

这首词语言平淡朴实，曲笔写情，浅淡而情深，不言愁而愁自见，意境幽远，意味隽永。

【其五】

蝶恋花

暖雨晴风初破冻，柳眼梅腮，已觉春心动。

酒意诗情谁与共？泪融残粉花钿重。

乍试夹衫金缕缝。山枕斜敧，枕损钗头凤。

独抱浓愁无好梦，夜阑犹剪灯花弄。

【赏析】

这是一首伤春怀人之作。丈夫出仕，留下词人一人独居，新婚小别，望春思人。全词从白天写到夜晚，刻画出一位热爱生活、向往幸福的思妇形象。

上片描绘室外春景。初春的暖风暖雨和煦怡人，大地复苏，送走了些许严冬的寒意。柳叶初生，如媚眼微开；梅花怒放，似香腮红透，种种迹象都预示着春天的到来。接着写到词人的心境：如此春意早已撩拨心弦，可又能和谁把酒论诗呢？泪水顺着脸颊流淌而下，弄残了脸上的香粉，昔日华美的头饰如今却感到奇重无比。春日融融的景象引起了词人由喜到悲的情绪变化，起到反衬的作用，渲染了一种令人陶醉的环境气氛，抒发了伤春怀人之感。

下片紧承上片，着重描写具体的闺中生活。词人穿上了由金丝缝制的夹衫春装，却不见一丝高兴，百无聊赖地斜靠在枕头上，头上的钗儿都压坏了，她也茫然不顾。愁思太浓，怎么能做得好梦，只能在深夜里不停地剪弄着灯花。词人选取了闺中生活的三个典型细节，"乍试夹衫""山枕斜敧""夜弄灯花"，多层次、多侧面地刻画了内心的寂寥与孤独，更把"酒意诗情谁与共"的内心独思化作生动的视觉形象。特别是最后两句，借用灯花报喜之说，反衬深夜剪弄，不只是消解浓愁，句中"抱"字虽略显夸张，却更形象地写出愁的"浓"与"重"。"犹"字则写活了词人百无聊赖的情态，含蓄地表达了盼望离人归来的心情，可以说字字含着寂寞，句句透着思念。

这首词语言精练平实，抒情细腻真切，确为抒写离情思人之佳作。

【其六】

蝶恋花

永夜恹恹欢意少，空梦长安，认取长安道。

为报今年春色好，花光月影宜相照。

随意杯盘虽草草，酒美梅酸，恰称人怀抱。

醉莫插花花莫笑，可怜春似人将老。

【赏析】

这是一首寄寓南渡之恨的思乡之作。此时的李清照已步入晚年，于上巳节（三月三日）在江宁宴请亲友。但亲人团聚并没有给她带来喜悦，反而勾起了她的国破家亡之恨：故国不复、旧家难回，委婉地抒发了词人的忧国和伤老之情。

上片开门见山地写出词人心情不佳。"永夜恹恹欢意少"，漫长的夜难以安睡，精神颓靡，心情愁闷，此句为全词定下了哀怨、凄清的基调。迷迷糊糊中，李清照梦见了汴京，京都的街道依旧熟悉。听说今年的春色跟去年一样好，皎洁的月光洒落在鲜花上，互相映照着该多美啊！"空梦长安，认取长安道"，"长安"代指汴京，"空梦"则表达出词人对汴京被占领的哀痛。南渡以后，国家动荡，金兵不断逼近，这个梦激起了李清照强烈的思乡之情。"为报"二字，点明春天的消息是从他人处听来的，并非词人亲眼所见。实际上，今年建康城虽春意如故，但亡国之痛、离乡之苦使词人无心赏春，反映出她的愁闷和爱国情怀，揭示了对当朝统治者懦弱、不作为的谴责与失望。

下片写宴请亲友的场景。宴会在白天举行，"随意"与"草草"

的搭配点明了酒席菜肴的简单，也表现了战乱时期百姓流离失所的社会特征。"酒美梅酸，恰称人怀抱"，酸梅酿成的酒和自己辛酸的心情是相称的，透露李清照并无过节的欢愉之心。此句与上片的"空梦"相呼应，美梦总会醒来，佳宴终会散席，所以下句紧接着告诫人们："醉里插花花莫笑，可怜春似人将老"。"花莫笑"是将花拟人化，希望花不要笑我年老，这一层词意与末句"可怜春似人将老"相连接，在忧国忧民的词人眼里，这可怜的春天也像自己一样被颓败的国势催老了，"春"暗喻"南宋政权"，"春将老"则表示国将沦亡。这首词写得委婉曲折、层层深入而笔意浑成，抒写了词人忧国伤时的情怀和对人生的感慨，风格沉郁苍凉，具有长调铺叙的气势。

【其七】

玉楼春

红酥肯放琼瑶碎，探着南枝开遍未，不知酝藉几多香，但见包藏无限意。

道人憔悴春窗底，闷损阑干愁不倚，要来小酌便来休，未必明朝风不起。

【赏析】

这是一首咏梅词。词人着墨于梅花，但主旨不在于咏梅，本词写于宋徽宗崇宁前期，当时新旧党争激烈，李清照将自身的忧患意识、难言的情感通过对梅花的描绘隐晦地表达出来。

上片写梅花的形态与风韵。"红酥肯放琼瑶碎"点明梅的色泽：春梅傲立于霜雪之中，红润鲜嫩的花蕾晶莹似玉，乍放之时必定幽香四溢。"碎"字写出梅花盛开的动感，将花蕾猛然绽放的瞬间刻画得生动形象。"肯放"强调红梅珍重迟开的品格。"探着南枝开遍未"是写人的活动，词人为欲放未放的梅花所吸引，感叹早梅如"南枝"或已遍开，而红梅犹含苞待放，用写实的手法描写梅花的外在美，令人倍加期待。"不知酝藉几多香，但见包藏无限意"则采用虚写的手法，通过"香"和"意"描写梅花含而不露、韵味隽永的内在美，提升了词的境界，蕴含词人对美好事物的热爱与追求之情，使人产生惜花之感，并且用想象来补充、创造花开时馨香远播、芳意无穷的场景。

下片写赏梅人的感怀。"道人憔悴春窗底"，"道人"是词人的自称，意为学道之人。下句的"憔悴""闷""愁"，分别描写了李清照的外貌与内心起伏，她的心情为何会从赏梅的兴致盎然变为烦闷忧愁呢？紧接着的"春窗"和"阑干"交代了客观环境，表明她当时因情绪低落，连"阑干"都懒得去倚。一幅深闺思妇的春愁图跃于眼前。词人没有写梅花的盛开，而是由含苞待放直接跳到对凋零时刻的感叹，立意灵动，可谓是咏梅的奇笔妙想。"要来小酌便来休，未必明朝风不起"，由残梅联想到自己，自己也曾像红梅般娇艳、充满活力，但韶华易逝，红颜易老，人世间"无情"的风吹落了鲜花，也吹走了青春，念及于此，怎能不让人伤感。因此，趁红梅还未凋零，应该抓紧这大好春光在花间小酌，"休"字在这里是语助词，含"罢""了"的意思。词人心中想着要饮酒赏梅的话便来吧，等到明天说不定要起风了呢。造化弄人，良辰难再，美景只在当下，自然气候的转换亦如人世间的风云突变，逆顺难料，若明日狂风折树，冷雨欺花，花落香消之时岂不令人心碎？饱含了词人对梅花命运的担忧，也暗含了对自身命运以及世事无常的慨叹。

　　李清照的忧患意识常常通过风雨摧花表现出来。国破家亡、颠沛流离的晚年生活，在她的心上投下了浓重的阴影。这使得她无论对残梅还是未放之梅，总是忧心忡忡，唯恐美好的事物消逝得太快。全词委婉含蓄，句有余味，情、意、美融为一体，艺术风格新颖，是难得的咏梅佳作。

【其八】

点绛唇

寂寞深闺，柔肠一寸愁千缕。
惜春春去，几点催花雨。
倚遍阑干，只是无情绪。
人何处？连天芳树，望断归来路。

【赏析】

这是一首闺怨词，是李清照独守深闺，思念丈夫赵明诚之作。词人借伤春这一主题，对落红与春景将逝进行描写，抒发女主人公等待丈夫的心绪，蕴含无限的惆怅与哀怨。

上片抒写伤春之愁。"寂寞深闺，柔肠一寸愁千缕"，开篇即点明深闺寂寞的主题：残春已至，独处深闺之中，无边的寂寞驱不散、挣不脱，这一寸柔肠却要容下千丝万缕的愁思。"惜春春去，几点催花雨"，此处以景寓情，表达了词人对青春易逝的感慨：我如此珍惜春天的美好，春天却轻易流逝，斜风细雨催落花儿，也催促着春天离去的脚步。人的青春不也正是这样悄然逝去的吗？词人用春花凋谢比喻年华易逝，用点滴春雨比喻千缕愁思，蕴含着沉郁凄怆的情感，情景交融。

下片抒写伤别之情。"倚遍阑干，只是无情绪"，写女主人公走出深闺房门，倚栏远眺的情景：倚遍了每一处，看遍了眼前的暮春景色，纵是春天千般好，仍心事重重，使人提不起情绪。"遍"字则加强了急切盼望归人的心理活动，把深闺女子百无聊赖、忧愁无处排遣的状态一语道出。"人何处？连天芳树，望断归来路"，话题一转，写期盼丈夫归来而不得的失望心情：良人啊，此时你在何处？我凝视着无边际的连绵衰草，那是你归来时必经的道路。这一问，极富深情，词人用细腻的笔墨渲染了一种焦躁不安的气氛，这里不再提及春雨、春花，而是突然抛出"人何处"的问题，点破了上片女主人公"愁千缕""无情绪"的根本原因是急切期待远行未归的丈夫，问而无答，布局巧妙，接着笔锋一转，移情入景，随着视线转移到远处的萋萋芳草，那是离人归家的路，也是对于"人何处"的无言回答，结构简单，条理清晰，在写景中抒情。上下两片紧密结合，场景由户内转到户外，由愁绪涌动到付诸行动进而倚栏远眺，远近景色相交，画面和谐统一，将空洞的愁思寄托在景物之中，化为具体可感知的形象，紧扣伤春、离别的主旨，刻画出一个执着专一、情感真挚的深闺思妇形象。

全词曲折婉约，情调凄怆，风格细腻婉丽，语浅情深，不假藻饰，不用典故。短短两阕写尽了"千缕愁"：寂寞愁、伤春愁、伤别愁以及盼归愁，将深闺女子的孤寂凄苦之情融入春景，余韵悠悠，富有艺术感染力。

【其九】

浣溪沙

莫许杯深琥珀浓，未成沉醉意先融，疏钟已应晚来风。
瑞脑香消魂梦断，辟寒金小髻鬟松，醒时空对烛花红。

【赏析】

这是一首闺情词。词人晚来借酒消愁，梦醒凄清，隐含无限的离愁别绪，倾诉了与丈夫离别后，每日独守闺中的寂寥之苦和相思之情，这也是李清照作品中常见的主题。词中描写了主人公对周遭景物的感受，着重刻画了其含蓄委婉的心理活动，是婉约风格作品中较有代表性的词作。

上片写独酌的情景。"莫许杯深琥珀浓"，写寂静的傍晚，愁绪袭来，便独自小酌，其绵绵愁绪可想而知。"未成沉醉意先融，疏钟已应晚来风"，写杯深酒浓，人未醉但心已醉，远处空旷零星的钟声应和着萧萧风声，更显凄冷。这样的氛围有力地衬托出词人此刻的心情：孤寂、愁闷。词人自斟自饮，不言不语，此般深沉的情感无法遏制，郁结于心，只得饮酒求醉，醇酒入口后，那扰人的离愁别绪便随着浓酒润入了五脏六腑，使人愁上加愁。"疏钟"一句，由词人本身转移到周围的环境，凄凉的钟声与风声相应和，情景交融，让词人陷入了一种如醉如梦、不能自已的精神境地，将深藏不露的幽闺之情刻画得淋漓尽致。

下片写醉梦中醒来之景。"瑞脑香消魂梦断"，因傍晚酒醉慵懒，词人没有卸妆便沉沉睡去，夜深人静之时，炉中的香料早已燃尽，不知不觉间，词人从梦中惊醒。"断"字说明醒得突然，也暗含了词人于睡梦中仍然愁绪袭身，睡眠状态不甚安稳，才让好梦被打断，也可理解为比喻关系，梦断正如香之消散。试想，梦醒后，炉寒香尽，枕冷衾寒，情何以堪！"辟寒金小髻鬟松，醒时空对烛花红"，直观地描写醒来的娇慵之态：惺忪中，发觉头上的发髻已然散落，精致的金钗也从发髻中滑落，环视卧室周遭，四下寂静，只有桌子上的红烛还在照耀，由于长时间未剪烛芯，已结成了朵朵烛花。一个"空"字，写尽了怅然若失之情。"琥珀浓""瑞脑香""辟寒金""烛花红"，词人以鲜明的色调贯通全词，色泽浓艳，有华贵之态，但华丽的色调并没有冲淡词人浓重的愁绪，两者相得益彰，使这首词带有一种高雅的格调。

　　全词含蓄蕴藉，心理刻画细腻入微，将视觉与听觉相结合，语言优美生动，感情真挚，意境清幽，前后照应，风格凝重却不乏华丽，情深而意长。

【其十】

浣溪沙

髻子伤春慵更梳，晚风庭院落梅初。淡云来往月疏疏。玉鸭熏炉闲瑞脑，朱樱斗帐掩流苏。通犀还解辟寒无？

【赏析】

这是一首反映贵族女子伤春情态的小调。全词运用正面描写、反面衬托的手法，刻画出一个多愁善感的深闺女子形象。

上片描写伤春与春景。首句写人，"髻子伤春慵更梳"表面上是叙事，实际上是极为重要的心理活动描写：深闺女子被春愁折磨得郁郁寡欢，随意挽起发髻懒得精心梳理。接下来两句是写景，前句"晚风庭院落梅初"中的"初"字用得十分巧妙，它点出了季节：习习晚风吹入庭院，正是春寒料峭之时，经冬的寒梅已由盛开转为凋零。春愁本就伤怀，何况又见落红。后句"淡云来往月疏疏"写淡淡的浮云在空中漂浮，天际的月轮也显得朦胧遥远。以"疏疏"状月，除了给月儿加上月色朦胧、月光疏冷之外，仿佛那还是一弯残月，它与"淡云""晚风""落梅"前后相衬，构成了幽静中散发着凄清的景象，和首句渲染的伤春心境相呼应。上片运用了由人及物、由近及远、情景交融的写法，融入人物哀伤的心情，更显孤独凄凉。

下片描写奢华的生活日常，含蓄地反映了伤春女子内心的闲愁。前两句"玉鸭熏炉闲瑞脑，朱樱斗帐掩流苏"写室内陈设极尽华贵：镶嵌着美玉的鸭形熏炉中，闲置着珍贵的龙脑香；织有樱桃花色的、覆盖如斗形的小帐低垂，上面装饰着五色的丝穗。此处为静物描写，但也有心理活动的展露，如"玉鸭熏炉闲瑞脑"中的"闲"字，便是女主人公因愁苦无绪，连心爱的龙脑熏香也无暇顾及。结尾是一个问句"通犀还解避寒无"，句中的"通犀"指能避寒气的犀角，试问这只金灿灿的犀角，现在是否还会再把温暖宜人的气味释放出来？"还"字暗含了深层次的内容：昔日，这只犀角曾尽心尽意地为男女主人避冷驱寒；而今良人远去，天各一方，若犀角有情也应感伤，是否忘记了为孤独的女主人避寒的使命呢？词人假借对犀角诘问，进一步刻画了触物伤情、多愁善感的性格，也使句意曲折婉转、摇曳生姿，闲愁、闲恨尽出。

全词抒情与写景状物相融，景随情变，笔调细腻委婉，意脉分明，未画愁容，但愁态毕现，读来韵味无穷。

【其十一】

浣溪沙

淡荡春光寒食天，玉炉沉水袅残烟，梦回山枕隐花钿。

海燕未来人斗草，江梅已过柳生绵，黄昏疏雨湿秋千。

【赏析】

这是一首寒食节的词作，也是词人的前期作品。李清照早年是大家闺秀，创作的词中透出一种文雅、高贵的气度。这种气度通过词人细腻丰富的情感世界表露无遗。本词通过对暮春风光和闺室景物的描绘，抒写了词人惜春留春的淡淡哀愁。

上片侧重描绘室内景致，"淡荡春光寒食天，玉炉沉水袅残烟"，开篇既交代时令又点出季节的特点，正是暖风醉人时节。接着笔触移至室内，一股氤氲氛围笼罩闺中，原来是袅袅香烟弥漫，似乎还透着静谧、温馨和点点忧愁。词人通过对玉炉、沉水、残烟的描写，虚实结合，把事物嵌入句子当中，为读者直观地呈现室内的画面。"梦回山枕隐花钿"，写早晨梦醒，凝妆完毕，却仍旧困乏，遂斜倚枕上出神，似在品味梦中情景。词人利用春梦、山枕、花钿之间的因果关系描绘了一幅优雅、静谧的画面：暮春时节，春光融融，闺房中檀香氤氲，一个少女正倚枕凝神。如此多的事物集于词中，读来毫无庞杂之感，只觉物与物融于一体，渲染出一种舒适、慵懒、令人昏昏欲睡的氛围。

下片写户外活动。"海燕未来人斗草，江梅已过柳生绵"，词人的笔触延伸到室外，少女们正笑语喧哗，彼此斗草取乐，而海燕仍经春未归。笔调轻快，神态毕现，暗含词人细数日子、惜春留春的

222

心态，而对斗草游戏的描写，则映衬自己的寂寞。次句言残春将至，梅子熟透，柳絮纷飞。惜春、叹春之情油然而生。以上写景，透露出词人无奈的喟叹之情。末句"黄昏疏雨湿秋千"，黄昏时分，独自一人，本已不堪其愁，然而疏雨以及湿漉的秋千架相伴，更让人感到孤寂、愁怨。

全词简笔勾勒，用语通俗，格调清新，人与景相映成趣，描景状物层次分明、脉络井然，读来令人耳目一新。

【其十二】

庆清朝

禁幄低张，雕栏巧护，就中独占残春。

容华淡伫，绰约俱见天真。

待得群花过后，一番风露晓妆新。

妖娆态，妒风笑月，长殢东君。

东城边，南陌上，正日烘池馆，竞走香轮。

绮筵散日，谁人可继芳尘？

更好明光宫里，几枝先近日边匀。

金樽倒，拼了画烛，不管黄昏。

【赏析】

这是一首长调赏花词。后世有的说是咏芍药，有的说是咏牡丹。据宋人钱易《南部新书》记载，宋朝汴京有"三月十五日两街看牡丹，奔走车马"的习俗，本词疑似提及此事。白居易的咏牡丹诗《买花》中写道"上张幄幕庇，旁织巴篱护"，恰与本词开篇的"禁幄低张，雕栏巧护"两句相近，遂以咏牡丹为佳。

上片描写牡丹的风姿。起首"禁幄"三句，指出牡丹花所开之处，乃是明光宫禁苑内，词人与友人同游赏花。"雕栏巧护"则表现牡丹被精心呵护的高贵地位，渲染了一种富丽雅致的氛围。"容华"二句，用拟人的手法刻画牡丹的形象神态，牡丹花品类众多，颜色各异，"淡伫""绰约"均是通过花色、花态形容白牡丹的风采与气质。"待得"两句写牡丹的品格，在百花悉数凋零的残春，经历一番春风吹拂、春雨洗刷后，牡丹花上清露莹莹，仿佛晓妆初成的美人一般淡雅高贵。"妖娆"三句应指颜色鲜艳的红牡丹，以其妖媚艳丽之态，戏弄春风、嘲笑春月，尽情地引逗着常管春天的太阳神君。"妒""笑""殢"三字把风、月、日拟人化，生动传神、形神兼备地表现出牡丹花娇艳、倾国倾城的魅力。

下片写宫廷内外赏花的盛况。"东城"四句写人们乘车出城观赏牡丹的场面：和煦的阳光照耀在东城边的亭台池阁上，周围的人群熙熙攘攘，一片热闹非凡的景象，衬托出一种喜庆的气氛。词人与友人酒醉赏花流连之际，不禁想象着赏花盛况。"竟"在此作"从头到尾"之义，是"竟日"之意；"香轮"，指游春踏花的车驾，醉人的花香足可染透车轮，是夸张之词，充分表现了花市之盛，游人之多。"绮筵散日，谁人可继芳尘"，写黄昏时分，花市已散，人们纷纷归家的情形，起着承前启后的作用：在这般如锦如簇的盛会结束后，人们似乎都意犹未尽，但又能驾车去哪里夜游，观赏这正值绚烂的牡丹花呢？抒发了赏花之情，含伤春之感。紧接着两句给出了答案，"更好明光宫里，几枝先近日边匀"是说刚好在这明光宫苑内，有几枝向阳的牡丹正在竞芳吐艳；言外之意，背阴处的牡丹也将次第开放，可再挽留住一段赏花春光，也正好为余兴未尽之人提供了秉烛夜游的理想场所。这里所提"明光宫"不知是哪朝的宫苑，也不知坐落何方，但想必是当时向游人开放的、赏牡丹的好去处。既然春光尚能留驻，又何须自寻烦恼，负此良时。"金樽倒，拼了画烛，不管黄昏"，写赏花情怀：对着国色天香的牡丹花，快些把金杯内的美酒喝下，别管太阳已西垂，黄昏将袭来，让我们同乐至蜡烛燃尽为止。在夜游的宴席上，人们已经醉意朦胧，词人的兴致也甚是浓烈。到了秉烛之时，仍纵情畅饮，描写人们通宵达旦饮酒赏花的情景。通过结尾的三句描写，一派繁荣升平的景象跃然纸上，词人对美好事物的向往之情也表露无遗。

全词状物抒怀，层层铺陈，咏牡丹而不露牡丹，却惟妙惟肖地说尽了暮春三月时牡丹的娇媚，也点出了赏花人的心境，笔调生动，风格含蓄，给人以美的享受。

【其十三】

瑞鹧鸪

风韵雍容未甚都，樽前甘橘可为奴。
谁怜流落江湖上，玉骨冰肌未肯枯。
谁教并蒂连枝摘，醉后明皇倚太真。
居士擘开真有意，要吟风味两家新。

【赏析】

这是一首咏物词。李清照以银杏自喻，托物言志，借银杏被摘离树体，比喻靖康之乱后金兵南渡，自己与丈夫赵明诚一起流落异乡、避乱南方的颠沛愁苦，也写出了夫妻间的情深意浓。

上片泛写银杏的姿态。"风韵雍容未甚都，樽前甘橘可为奴"，银杏的风度韵致典雅大方，外形朴素，丝毫没有华丽妖艳之气。即便如此，在宴席上堪称果中佳品的甘橘较之于银杏仍然逊色几分。这是一种先声夺人的写法，点明银杏质朴的外表与高洁品格的矛盾统一，运用对比反衬的手法，起到不同凡响的效果，有力地突出银杏的坚贞高洁。"都"在此作硕大、华美之意，"未甚都"是指银杏作为果类食品，并不以果肉汁多、形体硕大著称。词中引用了丹阳太守李衡种橘千棵以为木奴的典故，李清照在此用典与银杏相比，称橘"可为奴"，足见其对银杏的偏爱。她之所以咏颂银杏，未必因为它是珍稀贡品，而是睹物伤情，有所触发。"谁怜流落江湖上，玉肌冰骨未肯枯"进一步刻画银杏的品格特征：这枝双蒂银杏被人采摘，永离高大茂密的树干，经过转手贩卖后，虽沦为宴会上的盘中之果，但它玉洁的肌肤、冰清的风骨依然故我，不曾枯萎。"未肯枯"三字有力地突出了银杏坚韧的生命力，不管在何种恶劣的环境中，依然本色不改，傲骨常在。从外到内，从形到神，全面地塑造银杏高风亮节的形象，激起了词人的无限怜爱。这两句是吟物而不拘泥于物，表面上是歌颂银杏，实际上是写家人因赵挺之失势受到政治牵连而避居乡里，不甘沉沦、洁身自好的心志品性。"玉肌冰骨"一词，意在突出一种高尚的人品道德与不同流合污的民族气节；"未肯枯"则表示坚持自身的理想追求，不为恶劣环境所屈服；这些都是士大夫、文人所崇尚的自尊、自强之志。

下片具体描写并蒂银杏。首句"谁教并蒂连枝摘"是实写句，突出双银杏相依相偎的姿态和同理同枝的亲缘关系。接下来"醉后明皇倚太真"则是一个联想句，一实一虚，有明有暗。这两颗对生银杏，因摘果人的手下留情，便保持了完整并蒂的美好形象。两相依偎、亲密无间的形态，恰似"玉楼宴罢"醉意缠绵的杨玉环与唐明皇，形象鲜明生动，使人顿生怜爱之感。与上片的"谁怜"相呼应，将词人的主观感情注入客观描写之中，增添了双银杏惹人喜爱的魅力，加强了拟人效果，表达了李清照夫妇虽背井离乡却两情相悦的深厚感情。这是不幸之中的欣慰之事。结尾句"居士擘开真有意，要吟风味两家新"写出词人食用银杏的具体感受，委婉地表达李清照夫妇虽身处乡里，远离繁华，过着清幽寡淡的生活，却安之若素，并像连枝银杏般相互扶持。更妙之处在于使用了谐音字：词人亲手将两颗洁白鲜亮的银杏掰开，夫妻各一颗，共同分享，果仁饱满，清新纯美的滋味留于二人心底。"两家新"的"新"字，在这里显然是取其谐音"心"，表达了夫妻情深意笃、惺惺相惜的情景及希望爱情历久弥新的美好愿望。

本词采用拟人手法，构思精巧，将双银杏比作德行高洁、永葆气节的贤士，比作患难与共、不离不弃的恋人，贴切深刻，真挚动人。

附录 2：

《金石录·后序》

挽君手品花鸟，伴君侧研金石。《金石录·后序》是李清照晚年的一篇回忆性散文，是她悼念亡夫、追思故物之作。通过介绍夫妇二人收集、整理金石文物的经过以及《金石录》的内容、成书过程，回忆三十多年忧患得失、婉转曲折的人生经历。

右《金石录》三十卷者何？赵侯德父所著书也。取上自三代，下迄五季，钟、鼎、甗、鬲、盘、匜、樽、敦之款识，丰碑大碣，显人晦士之事迹，凡见于金石刻者二千卷，皆是正讹谬，去取褒贬；上足以合圣人之道，下足以订史氏之失者皆载之，可谓多矣。呜呼！自王涯、元载之祸，书画与胡椒无异；长舆、元凯之病，钱癖与传癖何殊。名虽不同，其惑一也。

余建中辛巳，始归赵氏。时先君作礼部员外郎，丞相时作吏部侍郎，侯年二十一，在太学作学生。赵、李族寒，素贫俭。每朔望谒告出，质衣取半千钱，步入相国寺，市碑文果实归，相对展玩咀嚼，自谓葛天氏之民也。后二年，出仕宦，便有饭蔬衣练，穷遐方绝域，尽天下古文奇字之志。日就月将，渐益堆积。丞相居政府，亲旧或在馆阁，多有亡诗逸史，鲁壁、汲冢所未见之书。遂尽力传写，浸觉有味，不能自已。后或见古今名人书画，三代奇器，亦复脱衣市易。尝记崇宁间，有人持徐熙《牡丹图》，求钱二十万。当时虽贵家子弟，求二十万钱，岂易得邪？留信宿，计无所出而还之。夫妇相向惋怅者数日。

后屏居乡里十年，仰取俯拾，衣食有余。连守两郡，竭其俸入，以事铅椠。每获一书，即同共校勘，整集签题。得书画彝鼎，亦摩玩舒卷，指摘疵病，夜尽一烛为率。故能纸札精致，字画完整，冠诸收书家。余性偶强记，每饭罢，坐归来堂烹茶，指堆积书史，言某事在某书、某卷、第几页、第几行，以中否角胜负，为饮茶先后。中即举杯大笑，至茶倾覆怀中，反不得饮而起。甘心老是乡矣，虽处忧患困穷，而志不屈。收书既成，归来堂起书库大橱，簿甲乙，置书册。如要讲读，即请钥上簿，关出卷帙。或少损污，必惩责揩完涂改，不复向时之坦夷也。是欲求适意而反取僇栗。余性不耐，始谋食去重肉，衣去重采，首无明珠翠羽之饰，室无涂金刺绣之具。遇书史百家字不刓缺，本不讹谬者，辄市之储作副本。自来家传《周易》《左氏传》，故两家者流，文字最备。于是几案罗列，枕席枕藉，意会心谋，目往神授，乐在声色狗马之上。

至靖康丙午岁，侯守淄川，闻金寇犯京师，四顾茫然，盈箱溢箧，且恋恋，且怅怅，知其必不为己物矣。建炎丁未春三月，奔太夫人丧南来。既长物不能尽载，乃先弃书之重大印本者，又去画之多幅者，又去古器之无款识者，后又去书之监本者，画之平常者，器之重大者。凡屡减去，尚载书十五车。至东海，连舻渡淮，又渡江，至建康。青州故第尚锁书册什物，用屋十余间，期明年春再具船载之。十二月，金人陷青州，凡所谓十余屋者，已皆为煨烬矣。

建炎戊申秋九月，侯起复知建康府，己酉春三月罢，具舟上芜湖，入姑孰，将卜居赣水上。夏五月，至池阳，被旨知湖州，过阙上殿，遂驻家池阳，独赴召。六月十三日，始负担，舍舟坐岸上，葛衣岸巾，精神如虎，目光烂烂射人，望舟中告别。余意甚恶，呼曰："如传闻城中缓急，奈何？"戟手遥应曰："从众。必不得已，先弃辎重，次衣被，次书册卷轴，次古器；独所谓宗器者，可自负抱，与身俱存亡，勿忘之。"遂驰马去。途中奔驰，冒大暑，感疾，至行在，病痁。七月末，书报卧病。余惊怛，念侯性素急，奈何！病痁或热，必服寒药，疾可忧。遂解舟下，一日夜行三百里。比至，果大服柴胡、黄芩药，疟且痢，病危在膏肓。余悲泣，仓皇不忍问后事。八月十八日，遂不起。取笔作诗，绝笔而终，殊无分香卖屦之意。

葬毕，余无所之。朝廷已分遣六宫，又传江当禁渡。时犹有书二万卷，金石刻二千卷，器皿、茵褥，可待百客，他长物称是。余又大病，仅存喘息。事势日迫，念侯有妹婿任兵部侍郎，从卫在洪州，遂遣二故吏，先部送行李往投之。冬十二月，金人陷洪州，遂尽委弃。所谓连舻渡江之书，又散为云烟矣。独余少轻小卷轴书帖，写本李、杜、韩、柳集，《世说》《盐铁论》，汉、唐石刻副本数十轴，三代鼎鼐十数事，南唐写本书数箧，偶病中把玩，搬在卧内者，岿然独存。

上江既不可往，又虏势叵测，有弟迒任敕局删定官，遂往依之。

到台，台守已遁。之剡，出陆，又弃衣被，走黄岩，雇舟入海，奔行朝，时驻跸章安。从御舟海道之温，又之越。庚戌十二月，放散百官，遂之衢。绍兴辛亥春三月，复赴越，壬子，又赴杭。先侯疾亟时，有张飞卿学士，携玉壶过视侯，便携去，其实珉也。不知何人传道，遂妄言有颁金之语，或传亦有密论列者。余大惶怖，不敢言，尽将家中所有铜器等物，欲走外廷投进。到越，已移幸四明，不敢留家中，并写本书寄剡。后官军收叛卒，取去，闻尽入故李将军家。所谓岿然独存者，无虑十去五六矣。惟有书画、砚墨可五七簏，更不忍置他所。常在卧榻下，手自开阖。在会稽，卜居士民钟氏舍。忽一夕，穴壁负五簏去。余悲恸不得活，重立赏收赎。后二日，邻人钟复皓出十八轴求赏，故知其盗不远矣。万计求之，其余遂牢不可出，今知尽为吴说运使贱价得之。所谓岿然独存者，乃十去其七八。所有一二残零不成部帙书册，三数种平平书帖，犹复爱惜如护头目，何愚也邪！

今日忽阅此书，如见故人。因忆侯在东莱静治堂，装卷初就，芸签缥带，束十卷作一帙。每日晚吏散，辄校勘二卷，跋题一卷。此二千卷，有题跋者五百二卷耳。今手泽如新，而墓木已拱，悲夫！昔萧绎江陵陷没，不惜国亡而毁裂书画。杨广江都倾覆，不悲身死，而复取图书。岂人性之所著，死生不能忘之欤？或者天意以余菲薄，不足以享此尤物邪？抑亦死者有知，犹斤斤爱惜，不肯留在人间邪？何得之艰而失之易也。

呜呼！余自少陆机作赋之二年，至过蘧瑗知非之两岁，三十四年之间，忧患得失，何其多也！然有有必有无，有聚必有散，乃理之常；人亡弓，人得之，又胡足道？所以区区记其终始者，亦欲为后世好古博雅者之戒云。

绍兴二年玄黓岁，壮月朔甲寅，易安室题。

——选自吕无党抄本《金石录》

附录3：

李清照年谱

在人生的舞台上，李清照尽情挥洒着自己的才情、激情，散发着独特的人格魅力。从不知愁何在的少女时期到乱世流离的老妪，经历诸多世事变迁，正道是：国恨未消身已老，一生情缘一生悲。

宋元丰七年（1084年）

李清照生于济南，父亲李格非被誉为"苏门后四学士"之一。

宋元符二年（1099年）

李清照年方十五，所著词作《如梦令·常记溪亭日暮》誉满济南城。同年，李清照随母亲从济南远赴汴京，并拜晁补之为师。

宋元符三年（1100年）

李清照著有《如梦令·昨夜雨疏风骤》《浣溪沙》《点绛唇》等传世佳作。

宋建中靖国元年（1101年）

李清照与赵明诚相识。是年，李清照著有《渔家傲》《庆清朝慢》《鹧鸪天》《减字木兰花》《瑞鹧鸪》等词。

宋崇宁元年（1102年）

七月，李格非被朝廷列为元祐党籍，株连亲属。八月，赵明诚父亲赵挺之任尚书左丞，李清照为营救老父，上书赵挺之："何况人间父子情"。

宋崇宁二年（1103年）

四月，赵明诚出仕；九月，朝廷下诏："宗室下得与元祐奸党子孙及有服亲为婚姻，内已定未过礼者并改正。"于此，李清照被遣离开汴京，返回济南。

宋崇宁三年（1104 年）

李清照往返于济南与汴京两地，著有《一剪梅》《醉花阴》《蝶恋花》《浣溪沙》（济南所著）以及《小重山》《玉楼春》《行香子》（汴京所作）等传世佳作。

宋崇宁四年（1105 年）

李清照献诗赵挺之："炙手可热心可寒。"以表她因党祸株连得不到救助而感慨。

宋崇宁五年（1106 年）

正月，朝廷大赦天下，李清照由济南返京，并著有《满庭芳》《多丽》《晓梦》等传世佳作。

宋大观二年（1108 年）

李清照夫妇定居青州，并且建造"归来堂"。赵明诚着手撰写《金石录》，李清照出版《词论》。

宋重和元年至宣和二年（1118 年—1120 年）

赵明诚前往莱州上任，而李清照独居青州秦楼。李清照为赵明诚送行时著有《凤凰台上忆吹箫》，后著有《念奴娇》《点绛唇》和《声声慢》等词。

宋宣和三年（1121 年）

八月，李清照前往莱州见赵明诚，途中惊觉赵明诚纳妾，于是著有《蝶恋花》。八月初十，李清照居于破败清冷之室，心有感慨，著有诗歌《感怀》。

宋靖康元年（1126 年）

金军破汴京，北宋亡。李清照携带家财与收藏品随赵明诚开始逃亡之旅。

宋建炎元年（1127 年）

五月，宋高宗在南京继位，建立南宋。其间，李清照夫妇返青州，整理文物准备南运。八月，赵明诚前往江宁府就任，李清照跟进文物南运之事。十二月，青州兵变，李清照家中文物书册悉数被毁。

宋建炎三年（1129 年）

李清照四十五岁，赵明诚南下期间接到任命湖州知州的圣旨，独自前往建康面圣。八月，赵明诚离世。李清照著有《菩萨蛮》《蝶恋花·上巳召亲族》《祭赵湖州文》《鹧鸪天》《南歌子》《忆秦娥》等诗词。

宋建炎四年（1130 年）

李清照被传"通金叛国"，为表清白，准备将其所有文物献给朝廷。奈何宋高宗途中解散了队伍，因而一路跟随至台州、温州等地的李清照并没有追赶上朝廷的队伍。

宋绍兴二年（1132 年）

张汝舟因觊觎李清照手中残存的文物，对其百般示好，并于年初成婚。后张汝舟求李清照财产不得，对她拳脚相向。秋天，李清照与张汝舟离异。著有《摊破浣溪沙》等词。

宋绍兴三年（1133 年）

南宋枢密院事韩肖胄出使金国探望宋徽宗、宋钦宗，李清照写有《上枢密韩肖胄诗二首（并序）》以表敬仰。

宋绍兴四年（1134 年）

李清照因金兵入侵，不得不前往金华避难，投靠其弟李迒。著有《钓台》《打马赋》《打马图经》等作品。

宋绍兴六年至十二年（1136 年—1142 年）

李清照返回临安生活，著有《清平乐》《摊破浣溪沙》《孤雁儿》等作品。

宋绍兴二十一年至二十五年（1151 年—1155 年）

年近古稀的李清照表《金石录》于朝。据后世史学推测，李清照卒于 1151 年至 1155 年期间。

后　记

　　不知不觉间，我们在各种史籍的索引下记录了李清照的一生，一段段婉约如水的往事在心头萦绕，我们的心仿佛也随着她的一生而变得通透、清明。

　　李清照的作品在文学史上具有里程碑式的意义，她的出现让婉约派得以万世流传，她打破了"女子无才便是德"的格局。从天真烂漫的少女到浓情蜜意的少妇，从望穿秋水的妻子到孤苦凄凉的老妪……她的一生充满了坎坷与变故，但丝毫不损史册上对她的评价以及后人对她的仰望。

　　她的才情与愁思惊动了千古流年，她的无奈与悲苦将古代封建王朝百姓的凄清烙印在时光的洪流之中，她的柔情似水让人心生怜惜，她的纯粹真挚让人魂牵梦萦。

　　她是华夏千年中的一朵奇花，如桂花般暗香芬芳，让人不单单看到了花开的绚烂，同时也嗅得那微风中的阵阵清香；她如寒梅般傲然挺立，在世俗的眼光下悠然自得，在战乱与孤清中昂首挺胸……她的柔弱在蓬勃的生命力中变得凄苦，她的抱负在战火连天中变得不值一文，一切悲苦在她的笔下都化为千古流传的华章。

　　在她的笔下，有过天真烂漫的童年，也有过思君念君的离愁，更有那一直萦绕她后半生的爱国情怀。李清照的一生如同宋朝的缩影一般，在无忧的盛世中逐步迈向悲凉。不同的是，宋朝用了数百年的时间，将这段时期的中原写成了一部屈辱史（仅政治方面），而李清照则用了短短七十余年书写了一部中国古典艺术的唯美结晶。

她的一生都在寻觅，年幼时寻觅快乐与抱负，长大后寻觅平凡与幸福，晚年则寻觅品格与精神。在日渐没落的宋王朝中，她一直挺着脊梁，以巾帼不让须眉的气势捍卫着民族的精神与尊严。也许有人觉得她是矫情的，但她写出了"生当作人杰，死亦为鬼雄"的铁血名句；也许有人觉得她多愁善感，可她写出了"九万里风鹏正举"的豪放名篇。

毋庸置疑，李清照的艺术成就至今依然直击我们每个人的内心，是不可或缺的文化瑰宝。虽然生逢乱世，但她本身自主、自强、自信的坚韧品格令人敬佩。她的文字是独树一帜的，不做作、不浮华，那直白简单的字句在她的笔下变得婉约动人，这份柔情的美衬托着她的一生，融化了俗世的纷争。

读罢李清照的一生，平静的心泛起丝丝涟漪，若不是那凄美的愁怨，她又怎么能写出如此柔情与温婉的词句。偶尔遥望苍穹，看着天上皎月与地上梅影，不由得想起数百年前的情影，那绝美无双的诗词，仿佛清泉一般流进心窝。

此时，风骤雨疏，窗外的海棠花被风吹得沙沙作响。一时间，仿佛回到了那个婉约凄美的年代，那一抹傲立的情影依然伫立在世间，不曾远去。